张峻峰　编著

AI数字人
直播带货攻略

内 容 提 要

本书讲解了AI数字人在直播带货领域的应用。通过对本书的学习，电商从业者不仅可以通过AI数字人进行24小时不间断的直播带货，提高工作效率，还能通过AI技术提升运营技能，为企业节约运营成本。

本书共分为8章，主要内容包括直播带货新模式：AI数字人直播带货、AI数字人直播带货的技术实现、搭建自己的AI数字人直播间、AI直播带货选品策略、AI直播带货话术设计、AI直播带货脚本设计、AI数字人直播带货营销策略、AI数字人直播带货实战指南等。

本书由AI数字人直播带货培训团队组织编写，具有丰富的实战经验，具有超强的适用性和可操作性，案例丰富，讲解思路清楚，是一本AI数字人直播带货应用实践手册，非常适合新媒体直播电商从业者，以及想进入直播电商行业通过直播进行带货的从业者学习和参考。

图书在版编目(CIP)数据

AI数字人直播带货攻略 / 张峻峰编著. —— 北京：北京大学出版社, 2024.12. —— ISBN 978-7-301-35685-2

Ⅰ. F713.365.2

中国国家版本馆CIP数据核字第20249NT496号

书　　　名	AI数字人直播带货攻略 AI SHUZIREN ZHIBO DAIHUO GONGLUE
著作责任者	张峻峰　编著
责 任 编 辑	王继伟　蒲玉茜
标 准 书 号	ISBN 978-7-301-35685-2
出 版 发 行	北京大学出版社
地　　　址	北京市海淀区成府路205号　100871
网　　　址	http://www.pup.cn　新浪微博：@北京大学出版社
电 子 邮 箱	编辑部 pup7@pup.cn　总编室 zpup@pup.cn
电　　　话	邮购部 010-62752015　发行部 010-62750672　编辑部 010-62570390
印 刷 者	大厂回族自治县彩虹印刷有限公司
经 销 者	新华书店
	880毫米×1230毫米　32开本　7.25印张　208千字 2024年12月第1版　2024年12月第1次印刷
印　　　数	1-4000册
定　　　价	49.00元

未经许可，不得以任何方式复制或抄袭本书之部分或全部内容。

版权所有，侵权必究

举报电话: 010-62752024　电子邮箱: fd@pup.cn

图书如有印装质量问题，请与出版部联系，电话: 010-62756370

前言

随着人工智能技术的飞速发展，AI数字人已成为电商领域的一股新兴力量。AI数字人直播带货作为一种创新的商业模式，正在引领着电商行业的新变革。本书旨在为电商从业者提供一本全面、深入的AI数字人直播带货应用指南，帮助他们在激烈的市场竞争中抢占先机，实现商业价值的最大化。

直播带货新篇章

直播带货作为一种新兴的电商模式，已经在全球范围内引起了广泛关注。而AI数字人的加入，更是为这一模式注入了新的活力。通过对本书的学习，读者将了解到如何利用AI数字人进行24小时不间断的直播带货，从而大幅提高工作效率，节约运营成本，同时提升运营技能，为企业带来更高的经济效益。

全面的内容体系

本书共分为8章，内容涵盖了AI数字人直播带货的方方面面。从AI数字人直播带货的新模式、技术实现，到直播间的搭建、选品策略、话术设计、脚本设计，再到营销策略和实战指南，旨在为读者提供实用、前沿的知识与技巧。

实战经验的传承

本书由国内知名的AI数字人直播带货培训团队倾力打造，汇集了丰富的实战经验和案例分析。我们相信，理论与实践的结合是掌握知识的关键。因此，本书不仅提供了清晰的讲解思路，还包含了大量的实操技巧和案例，确保读者能够在学习后迅速上手，将所学知识应用于实际工作中。

适用人群广泛

无论你是新媒体直播电商从业者，还是对直播电商行业感兴趣的新手，本书都是你不可多得的学习资源。我们的目标是让更多的读者能够通过本书掌握AI数字人直播带货的核心技能，成为行业的领跑者。

在这个充满机遇与挑战的时代，AI数字人直播带货无疑是电商行业的一片新蓝海。我们期待本书能成为你开启这一领域的金钥匙，引领你在直播带货的浪潮中乘风破浪，创造出属于自己的辉煌成就。让我们一起迎接AI数字人直播带货的新时代，共创美好未来！

目录

第1章 直播带货新模式：AI 数字人直播带货 ... 001
- 1.1 抓住直播电商财富新风口 ... 001
- 1.2 AI 数字人直播带货概述 ... 005

第2章 AI 数字人直播带货的技术实现 ... 017
- 2.1 数字人技术的实现与优化 ... 017
- 2.2 直播带货的技术支持与保障 ... 022

第3章 搭建自己的 AI 数字人直播间 ... 029
- 3.1 选择 AI 数字人直播平台 ... 029
- 3.2 搭建 AI 数字人直播间 ... 037

第4章 AI 直播带货选品策略 ... 044
- 4.1 选品原则 ... 045
- 4.2 AI 技术在直播选品中的应用 ... 052
- 4.3 直播间产品结构规划 ... 056
- 4.4 直播间测品方法 ... 060
- 4.5 选择供货渠道 ... 061
- 4.6 案例实战：使用文心一言辅助直播选品 ... 065

第5章 AI 直播带货话术设计 ... 073
- 5.1 直播带货话术概述 ... 073
- 5.2 AI 直播带货话术设计原则 ... 076

5.3 AI 直播带货话术模板设计 ·· 079
5.4 利用 AI 优化直播带货话术策略 ·································· 093
5.5 案例实战：使用文心一言写作和优化直播带货话术 ········· 098

第6章 AI 直播带货脚本设计 ······································ **107**

6.1 认识直播带货脚本 ··· 107
6.2 AI 直播带货脚本设计基础 ··110
6.3 AI 数字人直播带货脚本设计流程 ································115
6.4 AI 在直播带货脚本设计中的实际应用 ························· 129
6.5 案例实战：使用文心一言设计直播带货脚本 ················· 134

第7章 AI 数字人直播带货营销策略 ··························· **144**

7.1 精准营销的作用 ·· 145
7.2 直播带货的精准营销策略 ·· 147
7.3 直播带货的推广策略 ·· 164
7.4 组合产品营销策略 ··181
7.5 AI 在精准营销与推广中的应用 ································· 184
7.6 案例实战：使用文心一言撰写直播带货推广文案 ··········· 192

第8章 AI 数字人直播带货实战指南 ··························· **201**

8.1 AI 数字人直播带货前的准备工作 ······························ 202
8.2 AI 数字人直播带货的实战技巧 ································· 212
8.3 实践案例：虚拟偶像直播带货周边产品 ······················ 222

第1章
直播带货新模式：AI数字人直播带货

直播带货正步入AI数字人直播带货的新纪元。这一创新模式结合了人工智能的前沿技术，将虚拟与现实完美融合，为电商行业注入了新的活力。

AI数字人不仅具备高度逼真的形象和声音，还能通过智能算法模拟真实主播的行为和互动方式。它们可以24小时不间断地工作，无须休息，从而大大提高了直播带货的效率和覆盖范围。与此同时，AI数字人还能根据用户的购物习惯和兴趣，进行个性化的产品推荐，为消费者提供更加贴心、精准的服务。

这种新模式的出现，不仅降低了商家的运营成本，还为消费者带来了更加新颖、有趣的购物体验。AI数字人直播带货不仅是一个技术上的突破，更是电商行业在数字化转型道路上的重要里程碑。随着技术的不断进步和应用场景的不断拓展，我们有理由相信，AI数字人直播带货将成为未来直播带货的主流模式之一。

1.1 抓住直播电商财富新风口

直播电商市场正在经历一场翻天覆地的变革。根据艾媒咨询的数据，

2022年直播电商市场规模达到了3.5万亿元，2023年中国直播电商市场规模达到了4.9万亿元，同比增速为35.2%。《2022—2027年中国直播电商行业市场分析及投资风险趋势预测研究报告》显示，到2024年，直播电商市场规模预计达到5.6万亿元。

不仅如此，2023年"双十一"第一波活动的销售额高达989亿元，其中抖音和快手分别占据了41%和28%的市场份额。2022年同期的销售额为895.27亿元，同比上升了10%。这些数字无疑证明了直播电商在电商市场中的分量日益加重。

随着互联网的普及，消费者对购物体验的要求也在不断提升，而直播电商恰好满足了他们对互动、实时、个性化的购物需求。它就像一股清新的风，为电商行业注入了新的活力。

想要深入探索这个充满机遇的新领域吗？那就先从了解直播电商的发展历程开始，再到AI数字人直播带货的兴起，以及直播电商如何成为新的财富风口。这一切，都等待着你的发掘和把握！

1.1.1 直播电商的发展与变革

直播电商的传奇之旅始于2016年，当时淘宝直播闪亮登场，犹如一颗璀璨的星辰，照亮了中国电商的夜空。淘宝直播不仅为商家提供了一个全新的销售平台，更是为消费者带来了前所未有的购物体验。主播在直播间里热情洋溢地展示商品，消费者在屏幕前一边观看，一边下单购买，这种互动与即时性，让购物变得更加有趣和便捷。

当时，淘宝直播主要以品牌为核心，辅以低价策略，吸引了大量消费者的目光。同时，它还巧妙地结合了"直播+短视频"等创新模式，让用户在观看直播的同时，也能欣赏到精彩的短视频内容，从而丰富了用户的购物体验。

随着移动互联网的飞速发展，消费者对购物体验的需求也在不断变化。直播电商凭借其独特的魅力和优势，逐渐在中国电商市场中占据了重要地位。如今，直播电商已经成为电商行业的一股强劲力量，不断推动着行业的变革与创新。

直播电商的发展阶段及时间大致如图1-1所示。让我们一同回顾一下，感受它如何一步步走来，从一个小小的点，逐渐蜕变为如今的庞然大物。这场电商的革新之旅，充满了挑战与机遇，也为我们带来了更多的惊喜与期待。

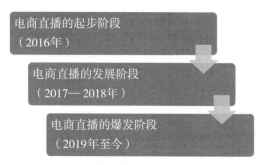

图1-1　直播电商的发展阶段及时间

1. 电商直播的起步阶段

2016年，电商直播处于起步阶段，投资者看好直播电商行业的发展前景，纷纷进行投资。国内接连涌现出300多家线上直播平台，观看直播的人数也激增，但此时的直播内容大多数集中在游戏等娱乐领域。

2. 电商直播的发展阶段

2017—2018年，电商直播进入发展阶段，直播开始与电商结合，形成"直播+内容+电商"的模式。蘑菇街率先尝试引入电商内容直播，增加直播购物功能。随后，淘宝、京东等电商平台也相继上线直播功能，加入电商直播大军。在这个阶段，"直播+电商"模式基本形成。

3. 电商直播的爆发阶段

2019年至今，直播电商开始爆发式增长。特别是在新冠肺炎疫情期间，线下消费受到严重影响，线上购物成为消费者的主要选择，进一步推动了直播电商的发展。在这个阶段，直播电商的形式和内容不断创新，出现了更多的应用场景和互动形式。同时,竞争也日益激烈,各大平台和机构纷纷推出自己的直播带货平台和产品,争夺市场份额。

1.1.2 AI 数字人直播带货的兴起

AI数字人直播带货犹如一股清新的风,吹进了直播电商的大门。在人工智能技术的推动下,AI数字人的制作与运营成本逐渐降低,为直播带货领域带来了革命性的变革。与此同时,消费者对购物体验的追求也在不断提升,传统的直播带货方式已难以满足他们日益增长的需求,这为AI数字人直播带货的崛起提供了巨大的市场机会。

想象一下,一个栩栩如生、能够实时互动的AI数字人,在直播间里为你展示各类商品,让你感受前所未有的购物体验。这种融合了先进技术与人性化交互的购物模式,不仅满足了消费者对购物体验的高要求,更为商家开辟了一条全新的营销渠道。

AI数字人直播带货的兴起,不仅仅是技术发展的产物,更是市场需求和商业价值的共同体现。随着技术的不断进步和市场的不断拓展,我们有理由相信,AI数字人直播带货将成为电商领域的一大趋势,为消费者和商家带来更多的惊喜和机遇。如图1-2所示,AI数字人直播带货的兴起主要源于几个方面的推动力量。

图1-2 AI数字人直播带货兴起的背景

1. 技术进步

随着人工智能技术的突飞猛进,AI数字人的制作与运营成本大幅降低,为AI数字人直播带货的普及奠定了坚实的基础。现在,AI数字人已经能够通过语音、图像和语言的完美融合,实现与消费者的实时互动,提供更为真实、生动的购物体验。

2. 市场需求

随着消费者对购物体验要求的日益提高，传统的直播带货方式已经无法满足他们的期待。AI数字人直播带货的诞生，正好迎合了消费者对智能化、个性化购物体验的追求。AI数字人不仅能够提供更为丰富的商品信息，还能根据消费者的喜好和需求推荐合适的商品，大大提高了购物的便利性和用户满意度。

3. 商业价值

AI数字人直播带货无疑带来了巨大的商业价值。对于商家来说，通过AI数字人直播带货，可以更精准地触达目标消费者，提高销售额和转化率。与此同时，AI数字人直播带货的人力成本和运营成本相对较低，为商家提供了一种更为高效、经济的营销方式。可以说，AI数字人直播带货已经成为商家们争相追逐的新风口。

4. 政策支持

政府在推动人工智能等新兴技术方面也给予了大力支持。政策的鼓励和扶持，为AI数字人直播带货的发展提供了良好的环境和机遇。可以预见，在政府的推动下，AI数字人直播带货将会迎来更加广阔的发展空间和前景。

综上所述，AI数字人直播带货的兴起是多方面因素共同作用的结果。随着技术的不断进步和商业模式的持续创新，AI数字人直播带货必将成为电商行业的重要发展方向。让我们一起期待这一新兴领域未来的精彩表现吧！

1.2 AI数字人直播带货概述

AI数字人直播带货凭借其个性化、智能化、高度仿真和交互性强等独特魅力，在电商、零售、品牌宣传等领域大放异彩。它不仅能够助力商家节省成本、提升用户参与度，还能为品牌形象注入新的活力。更重要的是，AI数字人直播带货能够拓展市场渠道，为商家创造更多商业机会，实现更广阔的发展空间。

1.2.1 AI技术在直播带货中的应用

AI技术在直播带货中的应用主要体现在智能辅播、AI视频生成和数字人直播三个方面。智能辅播通过实时推荐、智能问答和数据分析等功能，提升用户体验和商家决策效率。AI视频生成通过自动化剪辑、虚拟场景和智能调色等技术，增强视频质量和传播效果。数字人直播则利用高度逼真和个性化的虚拟主播形象，实现24小时不间断直播，提高直播的灵活性和可扩展性。这些技术结合应用，为商家带来了创新和优化的直播带货体验。

1. 智能辅播

智能辅播是一种利用人工智能技术辅助直播过程的工具。它能够为主播提供实时的辅助信息、智能推荐及互动功能，从而增强直播的吸引力和用户体验。智能辅播的功能主要体现在以下几个方面。

- 实时推荐与个性化服务：智能辅播系统可以根据观众的兴趣、购买历史和浏览行为等数据，实时推荐相应的商品。这种个性化推荐不仅提高了用户的购物体验，还有助于增加商品的曝光率和销售额。

- 智能问答与互动：在直播带货过程中，观众常常会有各种疑问，智能辅播系统可以通过自然语言处理技术实时回答观众的问题，增强与观众的互动。同时，系统还可以根据观众的反馈和情绪变化，调整直播的内容和节奏，持续吸引观众的注意力。

- 智能数据分析：智能辅播系统可以实时分析直播带货的数据，如观众数量、观看时长、转化率等，为商家提供决策支持。商家可以根据这些数据调整直播策略，优化商品组合和促销方式，提高直播效果。

智能辅播支持将"小助理"形象更换为品牌数字达人形象，这意味着该工具不仅仅是一个简单的辅助工具，还能够成为品牌展示和宣传的重要载体。在直播带货的场景中，智能辅播的"小助理"通常以虚拟形象的形式出现,与真人主播进行互动。这些虚拟形象可以是可爱的卡通人物、专业的导购员或其他符合品牌形象的设定,也可以选择将其更换为品牌的数字达人形象。

品牌数字达人形象是品牌自己创建的、具有独特个性和风格的虚拟形象。这些形象可以是品牌的吉祥物、代言人或其他能够代表品牌形象的虚拟人物。通过将智能辅播的"小助理"形象更换为品牌数字达人形象,品牌可以在直播中更加鲜明地展现其形象和特色,从而吸引用户的关注并激发其兴趣。更换"小助理"为品牌数字达人形象的优势如表1-1所示。

表1-1 更换"小助理"为品牌数字达人形象的优势

特点	优势
品牌一致性	品牌数字达人形象通常与品牌的整体形象和风格保持一致,这样可以在直播中更加突出品牌的特色和价值观
个性化体验	品牌数字达人形象具有独特的个性和风格,可以与用户进行更加个性化的互动,提供独特的购物体验
增强用户黏性	通过与用户进行实时互动和个性化的商品推荐,品牌数字达人形象可以增强用户的参与度和黏性,提高用户对品牌的忠诚度和满意度
拓展营销渠道	品牌数字达人形象可以在多个平台上进行推广和宣传,从而拓展品牌的营销渠道和增加品牌曝光度

部分直播间还会使用智能辅播来配置优惠券、公布中奖名单、发布直播预告及处理售后问题,以此来提高直播效率。

2. AI 视频生成

AI视频生成技术是一种利用人工智能算法来创建或改进视频内容的技术。这种技术结合了深度学习、计算机视觉和自然语言处理等多个领域的知识,从而能够实现自动化、高效和创新的视频生成过程。AI视频生成技术主要体现在如下三方面。

- 自动化剪辑与合成:AI视频生成技术可以自动对直播带货的视频

进行剪辑和合成，提取出精彩片段和关键信息，生成高质量的短视频或图文内容。这不仅可以提高视频的制作效率，还有助于增加视频的传播范围和用户的参与度。

- 虚拟场景与特效：AI视频生成技术还可以为直播带货添加虚拟场景和特效，如虚拟试衣间、商品3D展示等。这些创新元素可以吸引观众的注意力，提高商品的吸引力，从而增加销售额。
- 智能调色与增强：AI视频生成技术可以对直播带货的视频进行智能调色和增强处理，提高视频的画质和观感。这不仅可以提升观众的观看体验，还有助于展示商品的细节和特色。

AI视频生成技术的工作原理主要基于深度学习和神经网络。通过训练大量的视频数据，模型可以学习到视频帧之间的关联性和动态性，从而生成连贯和流畅的视频。

AI视频生成技术的应用非常广泛，包括但不限于以下几个方面。

- 视频内容创作：AI可以生成全新的视频内容，如动画、电影、广告等。这不仅可以为创作者提供灵感和支持，还可以提高内容生成的效率和质量。
- 视频编辑和增强：AI可以对已有的视频进行自动剪辑、合成、调色等处理，从而提高视频的质量和观赏性。此外，AI还可以对视频进行增强，如提高分辨率、去除噪声等。
- 智能推荐和个性化服务：结合大数据分析，AI视频生成技术可以根据观众的兴趣和行为，智能推荐相关的视频内容。这不仅能够提高视频的曝光率和观众满意度，还能为观众提供更加个性化的服务。
- 视频修复：AI可以对损坏或老化的视频进行修复，从而使其恢复原有的质量和清晰度。这对于保护历史影像资料、修复电影经典片段等具有重要意义。

AI视频生成技术是一种创新且实用的技术，能够为视频内容的创作、编辑、增强、推荐和修复等多个领域提供强大的支持。随着技术的不断发展和完善，AI视频生成在各个领域的应用前景将更加广阔。

3. 数字人直播

AI技术在数字人直播中的应用为这种新型直播方式带来了诸多创新和优化。它利用深度学习算法创建了高度逼真的数字人主播，这些主播能够模仿真实主播的形象、声音和动作，为观众提供独特的观看体验。同时，AI技术还实现了智能语音识别与合成，使数字人主播能够实时与观众互动，增加观众的参与感。

不仅如此，AI还能分析观众的情感反应，并据此调整数字人主播的表达方式，从而与观众建立更深的情感联系。结合大数据分析，AI技术还能为数字人直播提供智能推荐功能，为观众推荐个性化的直播内容和互动方式。此外，AI技术还可以构建逼真的虚拟场景，为直播增添更多背景和环境选择。

例如，网易云音乐在其新产品发布会《天行一美》中，成功地运用了AI数字人主播技术，为观众带来了一场新颖而富有创意的直播体验。

- AI数字人主播的实时播报与互动：在直播活动中，AI数字人主播成为主要的播报者。通过先进的AI技术，这个数字人主播能够实时地进行声音播报，与真实主播相比，其播报内容更加准确、流畅。同时，观众可以通过网易云音乐的手机端软件将问题发送到直播端App上，数字人主播会实时地回应这些问题，从而实现了主播与观众之间的实时互动。

- 个性化体验与无缝衔接：网易云音乐利用AI技术，为观众提供了个性化的体验。AI数字人主播能够根据观众的兴趣和偏好进行有针对性的播报和互动，使每个观众都能获得更加符合自己喜好的内容。此外，整个直播过程中，观众可以通过网易云音乐App上的语音功能进行同步播报，进一步增强了直播的实时性和观众的参与感。

- 多人实时互动的实现：AI数字人主播系统不仅支持单个数字人主播与观众的互动，还实现了多人实时互动的功能。这意味着在直播中，可以有多个数字人主播同时出现，与观众进行交流和分享。这种多人实时互动的形式，不仅丰富了直播的内容，还提高了观众的参与度和互动性。

通过网易云音乐的《天行一美》直播活动案例，可以看到AI数字人主播技术在直播行业中的巨大潜力和应用价值。它不仅提高了直播的效率和观众的参与度,还为观众带来了更加新颖、个性化的体验。随着技术的不断进步和完善,相信未来AI数字人主播将会在直播行业中发挥更加重要的作用。

随着市场的变化,数字人直播在电商行业中的应用越来越广泛,故接下来的内容将以数字人直播为主题,进行直播带货的详细讲解。

1.2.2 AI数字人带货的定义与特点

AI数字人带货是一种基于先进技术的商业形式,通过数字化的虚拟人物进行实时直播,向消费者推介商品。这种商业形式依托多项技术,包括人工智能、计算机视觉、语音合成及多模态交互技术等。这些虚拟人物被赋予了自然语言处理和情感交互等功能,能够像真人一样与消费者进行互动,并且借助算法实现商品推荐和个性化定制服务。

AI数字人带货具有很多优势,可以为品牌方和消费者带来更好的商业体验和购物体验,其主要特点如图1-3所示。

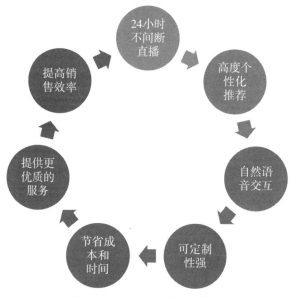

图1-3 AI数字人带货的特点

- **24小时不间断直播**：AI数字人带货的最大特点就是可以24小时不间断地进行直播，这使品牌方可以覆盖更多的观众群体，提升宣传效果和销售额。
- **高度个性化推荐**：AI数字人带货可以通过学习用户的购物习惯和兴趣，实现高度个性化的产品推荐，给用户提供更加贴合其需求的服务。
- **自然语音交互**：AI数字人带货具备自然语言处理和语音识别技术，能够实现与消费者的自然语音交互，提高用户体验和购买意愿。
- **可定制性强**：AI数字人带货可以根据商家的需要进行定制，包括外观设计、语音模拟、销售策略等方面，从而更好地适应商家的品牌形象和市场需求。
- **节省成本和时间**：相比于传统直播方式，AI数字人带货可以帮助商家节省很多成本和时间，包括人力资源、场地租赁、设备维护等方面，从而提高商家的盈利水平和竞争力。
- **提供更优质的服务**：AI数字人带货可以通过算法优化和数据分析为消费者提供更优质的服务，如根据消费者的购买历史和浏览行为，推荐最符合其需求的产品。
- **提高销售效率**：AI数字人带货可以通过智能化的销售策略和算法优化，提高销售效率，从而帮助商家实现更高的销售目标。

总之，AI数字人带货具有很多优势和特点，可以为品牌方和消费者带来更好的体验。

1.2.3　AI技术在直播带货中的应用

目前，AI技术在直播带货行业的应用范围正在逐渐扩大。一些电商平台已经开始尝试使用AI主播进行直播带货，如淘宝的"直播带货机器人"等。这些AI主播可以像真人一样进行直播带货，并且可以24小时不间断地进行直播，大大提高了直播的效率和便利性。

除了虚拟主播在电商平台进行直播带货，AI还可以通过与消费者的实时互动，提高销售转化率和用户满意度，如图1-4所示。

- 个性化推荐：AI技术可以基于用户的观看历史、购买记录、搜索行为等信息，进行深度学习和分析，从而为用户推荐他们可能感兴趣的直播内容和商品。这种个性化推荐可以显著提高用户的参与度和购买转化率。
- 智能客服：AI聊天机器人可以24小时在线，为用户提供实时的咨询和答疑服务。无论是关于商品的问题，还是关于直播的疑问，AI智能客服都能快速、准确地为用户提供帮助。

图1-4　AI的应用

- 虚拟主播：利用AI技术，可以生成虚拟主播进行直播带货。这些虚拟主播可以根据预设的脚本进行直播，也可以根据观众的实时反馈进行互动。虚拟主播的引入，既可以降低人力成本，又可以提高直播的趣味性和互动性。
- 智能选品：AI技术可以根据市场趋势、用户需求、商品销售数据等信息，为直播带货选择热销商品。这既可以提高直播的销售额，也可以节省主播的时间和精力。
- 实时数据分析：AI技术可以实时监测和分析直播过程中的各种数据，如观众数量、互动率、购买转化率等。这些数据可以帮助主播和电商平台实时调整直播策略，提高直播效果。

总体来说，AI技术可以提高直播的效率和效果，提升用户体验，降低人力成本，促进商品销售。随着AI技术的不断发展和进步，其在直播带货领域的应用也将更加深入和广泛。

1.2.4　AI数字人直播带货的挑战

尽管AI数字人带货具有很多优势，但在实际应用中仍然存在一些挑战,包括技术、用户体验、数据隐私和安全等方面。

- 技术挑战:技术层面的挑战是AI数字人带货面临的重要问题。尽管现有的AI技术已经能够实现高度逼真的数字人形象和自然语言交互,但仍然存在改进的空间,比如提升数字人的表情、语音和动作的真实度,以及更好地理解用户需求和快速准确地回答问题等。
- 用户体验挑战:用户体验方面的挑战也是AI数字人带货需要考虑的问题。AI数字人带货的交互方式与传统直播带货有所不同,用户可能需要一段时间来适应。考虑到消费者普遍偏好与真实人物进行互动和交流,如何让AI数字人实现更加自然、逼真地互动,进而提升购物体验,成为这一领域需要解决的重要问题。
- 数据隐私和安全挑战:AI数字人带货涉及用户数据的采集、处理和使用,这可能会引发数据隐私和安全问题。如何确保用户数据的安全性和隐私保护,是AI数字人带货面临的重要挑战。
- 商业模式挑战:AI数字人带货作为一种创新的商业模式,需要探索和验证其商业可行性。如何将AI数字人带货与传统直播带货相结合,创造出新的商业价值,是AI数字人带货面临的另一项挑战。

由此可见,虽然AI数字人带货具有很多优势,但也存在一些挑战。为了应对这些挑战,需要不断进行技术研发和创新,提升用户体验,加强数据隐私和安全保护,同时探索和验证新的商业模式。

1.2.5 案例解读:知名淘品牌"膜×世家官方旗舰店"的数字人直播

"膜×世家官方旗舰店"作为一家专注于护肤产品销售的电商平台,面临着日益激烈的市场竞争和消费者对于购物体验的高要求。在这样的背景下,为了提高品牌知名度和用户黏性,膜×世家引入直播作为创新营销策略的一部分。

但在直播过程中,天猫小二要求KA(Key Account,重点客户)商家每天直播8小时甚至10小时以上,真人主播成本高且需要休息,故在真人主播休息时，由数字人主播直播，充分利用休息时间段的流量。图1-5为该直播间的AI直播截图。

图1-5 "膜×世家官方旗舰店"AI直播截图

在引入数字人主播后，"膜×世家官方旗舰店"的直播取得了以下显著的效果。

● 用户体验提升：数字人主播以真实、自然的形象出现在直播间，能够与用户进行实时互动，提高了用户的参与度和黏性。用户可以通过与数字人主播的交流，获得更加真实、生动的购物体验。

● 销售额增加：数字人主播通过介绍产品特点、使用方法及与其他用户互动,能够有效激发用户的购买欲望。同时,数字人主播还能够根据用户的需求和偏好进行智能推荐,提高购买转化率和客单价。

- 品牌影响力扩大:数字人主播作为一种创新的营销手段,吸引了大量年轻、时尚的消费者关注。通过与数字人主播的互动,用户对于膜×世家的品牌认知度和好感度得到了提升,进一步扩大了品牌的影响力。

根据相关数据统计,"膜×世家官方旗舰店"每天使用AI数字人主播直播8小时,平均每天营业额超过3000元,投资回报率(ROI)达到1:60。

由此可见,"膜×世家官方旗舰店"通过引入数字人主播,成功提升了用户体验、增加了销售额并扩大了品牌影响力,实现了营销创新和品牌升级的目标。

【点拨】AI数字人主播与真人主播的比较

AI数字人主播与真人主播各有所长,表1-2为二者相比较的详情。

表1-2　AI数字人主播与真人主播的比较

直播主体	优点	具体内容
数字人主播	成本低	数字人主播可以节省大量的人力成本,如招聘、培训和人员流失等费用。此外,数字人主播可以24小时不间断地工作,无须支付加班费或提供福利
	稳定	数字人主播的形象版权属于企业,即使替换运营人员,也不会对主播形象产生不良影响。这有助于建立稳定的品牌形象
	灵活	数字人主播可以随时更换形象、变换风格,为观众提供新鲜感。此外,数字人主播还可以与真人主播交替协作,减轻直播工作的压力
	实时更新	数字人主播可以实时更新内容,提供最新的信息

续表

直播主体	优点	具体内容
真人主播	真实互动	真人主播能够与观众进行实时互动,回答观众的问题,增强观众的参与感和黏性
	情感连接强	真人主播能够通过面部表情、肢体语言和变换语气等方式与观众建立情感联系,使观众更加投入
	个性化表达	真人主播可以根据自己的经验和知识,提供独特的观点和见解,形成个性化的直播风格

  由此可见,数字人主播在成本效益、稳定性、灵活性等方面有明显优点,而真人主播在真实互动、情感连接等方面也有优点。大家可以结合自己的实际情况来选择一种或两种主播带货。

第2章
AI 数字人直播带货的技术实现

　　AI数字人直播带货作为电商领域的新宠,其背后的技术实现和优化策略尤为关键。数字人技术的实现依赖先进的深度学习算法和计算机图形学技术。通过采集真实主播的动作、表情和声音数据,AI模型可以学习并模拟这些特征,生成高度逼真的数字人形象。同时,数字人还可以通过自然语言处理技术,实现与观众的实时互动。

　　直播带货的技术支持同样重要。技术团队需要对服务器和网络进行持续优化,确保在大流量下直播仍能保持高度的稳定性和流畅性。此外,为了提升用户体验,技术团队还需对直播画质、音频效果等进行精细调整,确保观众能够享受到高品质的直播内容。

　　随着技术的不断进步,AI数字人直播带货仍有巨大的优化空间。例如,通过引入更先进的算法,可以进一步提升数字人的逼真度和互动性;通过优化技术支持与保障措施,可以进一步提升直播的稳定性和用户体验。

2.1 数字人技术的实现与优化

　　数字人技术的实现与优化是一个持续的过程,需要关注技术、内容、用户体验和商业合作等多个方面。通过不断地升级技术、创新内容、优化用户体验和拓展商业合作，可以提高数字人的性能和商业价值，为用户带来更加真实、生动、有趣的互动体验。

2.1.1 AI技术的原理

AI技术的原理是计算机程序能够完成自动化任务，这些任务涉及模式识别、自然语言处理、机器学习、深度学习及计算机视觉等领域，如图2-1所示。

图2-1 AI技术的原理

- 模式识别：利用统计学、机器学习和模式识别算法来识别特定模式，以实现自动化任务。
- 自然语言处理：使用统计方法、自然语言处理技术和机器学习技术来理解和处理自然语言。
- 机器学习：利用机器学习技术，让计算机可以从给定的数据中学习模式，并能够改变自身行为以适应新的环境。
- 深度学习：利用深度神经网络，使用多层次的网络结构来学习更复杂的模式，以解决更复杂的问题。
- 计算机视觉：使用计算机视觉技术，通过处理图像数据，使机器能够识别和理解图像中的特定元素。

2.1.2 数字人技术的实现

数字人主播技术已经取得了令人瞩目的成就。以小冰公司为例，他们最近公布的数字孪生虚拟人技术，将数字人的自然度提升至与真人无二的程度，并首次实现了视频采、编、播全流程的无人化操作。这充分证明了数字人主播技术的成熟与先进，也预示着它正朝着更加自然、高效的方向迈进。

这一技术的实现，离不开AI技术、计算机视觉、动作捕捉、实时渲染等多项尖端科技的深度融合。而正是这些技术的完美结合，才使我们能够目睹高度逼真、动作流畅、表情生动的数字人主播，其与用户进行实时、自然的互动，为用户带来前所未有的体验。

数字人主播技术的实现过程复杂而精细，涉及多个关键步骤。如图2-2所示，其中包括人物塑造、角色建模、骨骼绑定等核心环节，每一个环节都凝聚了科技人员的智慧与汗水。

图2-2 数字人主播的技术实现

- 人物塑造：这是制作数字人主播的第一步，包括赋予数字人姓名、年龄、兴趣爱好、身份背景等人设特点，并设计与之相应的外形、细节、经典动作和声音特征。这个步骤决定了数字人的基本形象和性格特点，为后续的制作奠定基础。
- 角色建模：在人物塑造完成后，需要进行角色建模。这一步使用三维建模技术来构建数字人的3D形象。建模过程中需要对模型和材质进行精雕，使数字人拥有真实的外观和质感。
- 骨骼绑定：建模完成后，需要进行骨骼绑定。这一步是在数字人的数字模型上绑定骨骼，以便通过控制器控制数字人的动作。通过骨骼绑定，可以实现数字人的各种动作，如伸手、跑步、跳跃等。
- 动作捕捉：动作捕捉是驱动数字人动作的关键技术。通过捕捉真实人物的动作，将其同步到数字人身上，使数字人能够呈现出自然、流畅的动作和表情。动作捕捉技术可以通过深度摄像头、光学式动作捕捉设备等实现。
- 实时渲染：最后一步是实时渲染。通过PBR（Physically Based Rendering，基于物理的渲染）、重光照等新型渲染技术，将数字人的外观进行精细的调整，并打造数字人所处的环境。实时渲染技术可以实现数字人在直播、游戏等场景中的实时互动。

除了以上步骤外，数字人主播的制作还需要使用到各种软件，如建模软件、动作捕捉软件、渲染软件等。整个制作过程需要多个领域的专业知识，包括计算机视觉、3D建模、动画制作、渲染技术等。

以数字代言人"小薇"为例。品牌方为她设定了一个年轻、时尚、活力四射的形象，并决定她的外观要兼具未来感和亲和力。因此，建模团队使用3D建模软件，如Blender或Maya，为她创建了一个精致的数字化形象。小薇有着明亮的眼睛、时尚的发型和充满活力的服装，整体外观既现代又吸引人。

为了让小薇能够动起来，建模团队为她进行了骨骼绑定。这意味着在她的3D模型内部嵌入了一套骨骼系统，当骨骼移动时，模型的各个部分也会随之移动。这样，小薇就可以做出各种自然的动作，如挥手、走路、跳舞等。

为了让小薇的动作更加自然和逼真，制作团队使用了动作捕捉技术。他们使用一套光学式动作捕捉设备，捕捉了一位真实演员的动作，并将这些动作同步到小薇的模型上。这样，小薇就能够呈现出与真实演员非常相似的动作和表情。

为了确保小薇在直播或视频中能够呈现出高质量的效果，制作团队使用了一款高性能的渲染引擎（如Unreal Engine或Unity）对小薇的模型进行实时渲染。这样，无论是在直播还是视频中，小薇都能够呈现出高清晰度、高流畅度的画面效果。

通过以上步骤，制作团队成功地创建了一个高度逼真、动作自然、表情丰富的数字人主播——小薇。她在直播、广告、视频等场景中都能够为用户提供良好的互动体验。这个案例展示了数字人主播技术实现的完整流程，并证明了这种技术在当今的媒体和娱乐行业中的巨大潜力。

2.1.3 数字人的优化策略

优化数字人主播可以带来多方面的好处，包括提升用户体验、增强观众黏性、提高直播效果等。

首先，从用户角度来看，优化数字人主播的形象、动作和交互方式等，可以使其更加自然、逼真和亲切，从而提升用户的观看体验。例如，通过改善画质和选用合适的直播软件，可以使虚拟直播的观看体验更为流畅和清晰。

其次，优化数字人主播的直播内容也是非常重要的。这包括选取热门和有趣的话题、设计吸引人的标题和图片，以及增加与观众的互动等，都有助于增强观众的黏性和忠诚度。例如，及时回复评论和参与话题讨论，可以让观众感受到被重视和关注，从而更愿意持续关注和参与数字人主播的直播。

最后，从商业角度来看，优化数字人主播也可以带来更多的商业机会和收益。例如，与品牌进行合作推广、定制化的直播内容等，都可以为数字人主播带来更多的曝光和商业价值。

由此可见，优化数字人主播是非常必要的，不仅可以提升用户体验和黏性，还可以带来更多商业合作的机会。因此，对于数字人主播的运营方来说，应该持续关注和调整数字人主播的表现，以实现最佳的效果。数字人主播的优化方案可以从技术、内容、用户体验和商业合作等多个方面进行，如表2-1所示。

表2-1 数字人主播的优化方案

方案名称	优化细节	具体内容
技术优化	提高画质	采用先进的渲染技术和高清的摄影设备，提高数字人主播的画质，使其更加逼真和吸引人
	优化动作捕捉	改进动作捕捉设备的精度和稳定性，确保数字人主播的动作流畅、自然
	提升语音识别和交互能力	采用先进的语音识别和交互技术，使数字人主播能够更准确地识别和理解用户的指令和问题，并提供更智能、更自然的交互体验
内容优化	丰富直播内容	选择热门和有趣的话题，结合用户需求，提供丰富多样的直播内容。可以考虑引入游戏、才艺展示、互动问答等环节，增加直播的趣味性和互动性
	定期更新内容	保持直播内容的新鲜度和多样性，定期更新直播主题和形式，吸引用户的持续关注

续表

方案名称	优化细节	具体内容
内容优化	个性化推荐	根据用户的兴趣和偏好,提供个性化的直播内容推荐,提高用户的满意度和黏性
用户体验优化	优化交互界面	设计简洁、直观的交互界面,使用户能够轻松地进行操作和互动
用户体验优化	提高响应速度	优化数字人主播的响应速度,确保用户的问题和指令能够得到及时、准确的回应
用户体验优化	增强用户参与感	通过增加互动环节、设置奖励机制等方式,鼓励用户积极参与直播,提高用户的参与感和忠诚度
商业合作优化	拓展合作渠道	积极寻求与各类品牌的合作机会,拓展数字人主播的商业合作渠道
商业合作优化	定制化合作内容	根据合作品牌的需求和目标受众,提供定制化的直播内容和推广方案,增加合作的价值和效果
商业合作优化	评估合作效果	定期评估商业合作的效果和收益,根据评估结果调整合作策略,实现商业价值的最大化

通过持续优化这些方面,可以提高数字人主播的性能和商业价值,吸引更多用户的关注和喜爱。

2.2 直播带货的技术支持与保障

直播带货的技术支持与保障是确保直播顺利进行的前提,商家或直播平台需要综合考虑多方面的因素,以提供技术支持与保障,同时提升用户体验。

2.2.1 直播带货的技术支持

直播带货的技术支持包括直播平台集成、高清直播技术、互动技术等。这些技术支持共同为直播带货提供了稳定、高效和互动性强的平台。

1. 直播平台集成

直播平台集成是直播带货的基础，通过将各个功能模块（如视频流、音频流、弹幕系统、支付系统等）无缝地集成到一个统一的平台上，使主播和观众可以在一个平台上完成所有的互动和交易。

一个稳定、流畅的直播平台能够确保观众和主播之间的顺畅沟通。平台集成包括服务器稳定性、网络连接速度、视频编解码技术等多个方面。这些技术支持确保了直播的实时性、稳定性和清晰度，为观众提供了良好的观看体验。

例如，淘宝直播就是一个典型的直播平台集成案例，它将电商平台的商品信息与直播功能相结合，观众在观看直播的同时可以直接购买商品。如图2-3所示，打开某直播间的"宝贝口袋"可以看到多款产品的标题、图片、价格等信息。通过集成支付系统，观众可以在直播中完成支付。如图2-4所示，点按任意一款产品可以进入其购买页面，大大提升了购物体验。

图2-3 某直播间的"宝贝口袋"

图2-4 产品购买页面

2. 高清直播技术

高清直播技术是提升直播质量和观众体验的关键。通过采用先进的视频编解码技术和高清摄像设备,可以呈现出更清晰、更逼真的直播画面。高清直播技术不仅能够展示商品的细节和特色,还能够增强观众的沉浸感和参与度。观众看到更加清晰的商品细节,也会提升购买意愿。

京东直播在推广商品时,经常采用高清直播技术。比如,某京东直播间在推广一款打印纸时,会使用高清摄像头捕捉打印纸的细节,如图2-5所示。观众在观看直播时,可以清晰地看到打印纸的各个细节,从而增加购买的信心。

图2-5　直播间使用高清摄像头捕捉打印纸的细节

3. 互动技术

互动技术是直播带货的核心。通过弹幕、点赞、送礼物等互动方式,观众可以实时表达自己的意见和情感,与主播和其他观众进行互动。互动技术不仅增强了观众的参与感和黏性,还为商家提供了更多的营销手段和数据支持。

例如,某抖音直播间的粉丝通过输入弹幕"1、2、3号链接真划算,冲冲冲"参与直播间抽奖活动,如图2-6所示,属于直播间的互动。

图2-6 某抖音直播间粉丝弹幕

直播带货的技术支持是一个综合的体系,包括直播平台集成、高清直播技术、互动技术等多个方面。这些技术支持共同为直播带货提供了稳定、高效和互动性强的平台,推动了直播带货行业的快速发展。除此之外,直播带货的技术支持还包括智能推荐算法、数据分析与挖掘、虚拟现实技术等。这些技术可以进一步提升直播带货的效果和用户体验,为商家和观众带来更多的价值和便利。

2.2.2 直播带货的技术保障

直播带货的技术保障涉及多个方面,包括图2-7所示的数据安全保障、系统稳定性保障、技术故障应对等。

图 2-7　直播带货的技术保障

1. 数据安全保障

数据安全保障是直播带货中至关重要的一环。直播过程中会涉及用户个人信息、交易数据等敏感信息,因此必须采取严格的数据加密、存储和访问控制措施。

拼多多直播在数据安全保障方面采取了多项措施。例如,采用先进的加密技术对用户数据进行加密存储和传输,确保数据在传输过程中不被窃取或篡改。同时,拼多多还建立了严格的数据访问控制机制,只有授权人员才能够访问敏感数据,有效防止了数据泄露的风险。

2. 系统稳定性保障

系统稳定性保障是确保直播带货过程中不出现系统崩溃、卡顿等问题的关键。这需要从硬件、网络、软件等多个方面进行优化和保障。

淘宝直播在系统稳定性保障方面做得非常出色。他们通过部署高性能的服务器集群、优化网络架构、采用负载均衡等技术手段,确保了直播平台的稳定运行。即使在高峰期,淘宝直播也能够保持流畅的直播画面,为商家和观众提供了稳定的直播环境。

3. 技术故障应对

尽管采取了各种措施,但直播带货过程中仍然可能出现技术故障,如网络延迟、画面卡顿等问题。因此,建立快速响应机制和技术故障应对方案至关重要。

快手直播在应对技术故障方面有着丰富的经验。他们建立了专业的技术支持团队，可以对直播中出现的各种技术问题进行快速响应和处理，确保在出现故障时能够迅速恢复直播。

通过采取严格的安全措施、优化系统架构和建立快速响应机制，可以确保直播过程的顺利进行，并保护用户数据和系统的安全。

【点拨】不会 AI 技术如何创建 AI 数字人主播

虽然具备AI技术知识会对创建AI数字人主播有一定的帮助，但现在有很多平台和工具提供了用户友好的界面和简单的操作流程，使非技术人员也能够轻松创建AI数字人主播。这些平台和工具通常提供了丰富的功能和选项，允许用户选择或定制AI数字人主播的形象、配置AI功能、添加内容和脚本等，而无须深入了解AI技术的细节。图2-8是一些可以创建AI数字人主播的平台。

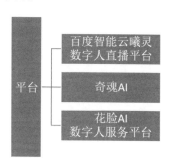

图2-8　可以创建AI数字人主播的平台

- 百度智能云曦灵数字人直播平台：该平台提供了超写实数字人24小时纯AI直播功能，聚焦于电商直播、品牌营销、互动娱乐等领域。通过AI驱动的方式，无须真人主播和中控人员，即可实现内容快速生成，极大地降低了运行成本。
- 奇魂AI：通过语音克隆、语音交互、3D建模、表情和动作驱动等技术，打造 AI 虚拟数字人。可定制 2D/3D 虚拟、真人形象，支持多种表情、动作，实时处理唇形，并利用先进的语音合成技术，提供自然流畅的声音体验。

- 花脸 AI 数字人服务平台：这是一个基于数字人技术、内容、运营的综合服务型平台，包括花脸 AI 直播系统（24 小时直播）、数字人 IP 定制、虚拟人驱动和内容生产软硬件系统。该平台旨在为客户提供虚拟人直播带货等全场景营销推广服务。

这些平台都提供了创建 AI 数字人主播的功能，但具体的使用方法和效果可能会因平台而异。在选择平台时，建议根据自己的需求和目标进行仔细比较和评估。

第3章
搭建自己的 AI 数字人直播间

搭建自己的 AI 数字人直播间是一项相对简单的任务。首先，选择一个稳定且功能丰富的 AI 数字人直播平台至关重要，这确保了直播过程的流畅性和用户体验的优质性。其次，通过简单的注册和登录流程，可以轻松创建自己的直播间，然后进行个性化设置（包括名称、封面和简介），以吸引观众的注意力。在直播间设置中，根据自己的偏好和需求，可以选择和配置 AI 数字人的形象、声音和动作，部分平台还支持上传个人图片或视频，以实现独特的数字人外观定制。最后，通过测试直播，来确保所有设置和配置均符合预期，为正式直播提供最佳的用户体验。总体来说，只要选择合适的平台并按照步骤进行操作，搭建自己的 AI 数字人直播间是一项轻松且富有创造性的任务。

3.1 选择 AI 数字人直播平台

支持 AI 直播的平台有很多，如淘宝、抖音、快手等。这些平台都提供了 AI 直播功能，可以帮助用户实现智能化的直播内容制作和播放。

3.1.1 淘宝直播

淘宝直播是阿里巴巴推出的直播平台，定位为"消费类直播"，用户可边看边买，包括母婴、美妆等品类。淘宝直播的观众在直播中主要关注的是商品的介绍和推荐，而非娱乐内容。图3-1为淘宝直播的"发现"页面。

淘宝直播主要服务于淘宝平台上的商家和消费者，商家可以通过直播形式推广和销售自己的商品，消费者则可以通过直播了解商品的特点、使用方法等，并在直播过程中与商家进行互动和交流。

此外，淘宝直播也鼓励用户通过直播平台进行互动和交流，并提供了多种互动形式，如直播间购物车、弹幕评论、点赞分享等。同时，淘宝直播还通过数据分析、用户画像等方式对直播内容和观众进行精细化管理，以提高直播效果和观众满意度。淘宝直播的特点主要包括图3-2所示的几个方面。

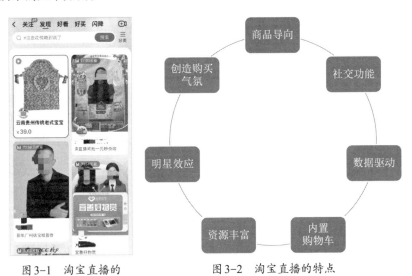

图3-1 淘宝直播的"发现"页面

图3-2 淘宝直播的特点

- 商品导向：淘宝直播是以商品为主的直播，商家可以通过直播展示自己的产品和服务，提升销售量。用户可以在直播间实时了解商品信息、价格等相关信息，方便快捷。

- 社交功能：淘宝直播具备社交功能，用户可以在直播间互动、评论、点赞，同时还能关注主播并与他们建立联系。
- 数据驱动：淘宝直播采用数据驱动的营销方式，通过分析用户行为数据，精准推荐商品及优化用户体验。
- 内置购物车：淘宝直播内置购物车，方便用户在直播过程中收藏商品、下单购买，无须多次离开直播间。
- 资源丰富：淘宝直播作为阿里旗下的直播平台，具有庞大的资源库，包括商品库、达人库、场景库等，可满足不同用户的需求。
- 明星效应：淘宝直播利用明星、网红引流，提高直播的热度和关注度。明星、网红自带流量，能够迅速聚集人气，提高直播间的GMV（Gross Merchandise Volume，商品交易总额）。
- 创造购买气氛：在直播过程中，主播会采用发放优惠券及限制购买量等措施创造紧张气氛，刺激消费者进行购买。

综上所述，淘宝直播平台以商品销售为核心，结合社交互动和数据驱动的特点，吸引了大量商家和消费者的关注。同时利用明星效应和创造购买气氛的手段，提高了销售转化率。

3.1.2 抖音直播

抖音直播是字节跳动公司旗下的一款短视频分享平台，它不仅提供短视频创作和分享服务，还支持用户进行直播互动。图3-3为抖音App的"直播"页面，可以看到正在直播的直播间及一些直播预告。

在抖音直播中，用户可以观看到各类精彩的直播内容，包括热门综艺、

图3-3 抖音App的"直播"页面

体育赛事、晚会直播等。同时，抖音直播也为用户提供了一个展示自我、分享生活的平台。许多主播通过直播的形式与粉丝进行实时互动，分享生活点滴，展示个人才艺。此外，抖音还设有热门直播排行榜，使用户能快速找到高人气的直播间。抖音直播的特点主要体现在如下几个方面。

- 短视频与直播结合：抖音直播平台将短视频和直播结合，用户可以通过短视频的形式展示自己的才华、生活和观点，同时也可以通过直播进行实时互动。
- 实时互动：抖音直播平台注重实时互动，观众可以在直播过程中与主播进行互动，如评论、点赞、送礼物等，增加用户黏性和互动性。这种实时互动的特点可以让观众更加投入，增加他们的参与感和忠诚度。
- 多元化内容：抖音直播平台上的内容丰富多样，涵盖了娱乐、美妆、音乐、时尚等领域，满足了用户的多样化需求。
- 庞大的观众群体：抖音直播的用户基数庞大，通过直播吸引观众的概率比较高。
- 较低的门槛：抖音的直播门槛相对较低，只需要注册一个抖音账号即可开启直播。
- 多种收益方式：抖音直播提供了多种赚钱方式，主播可以通过观众的打赏、推广商品、合作赞助等多种方式赚取收益。

3.1.3 快手直播

快手直播是一种实时的在线视频直播服务，由快手科技开发并运营。用户可以通过快手平台实时发布、分享视频，并与其他用户进行互动。图3-4为快手App的"卖货"页面。

快手直播以其多样化的内容、丰富的互动形式、真实感强等特点吸引了大

图3-4 快手App的"卖货"页面

量用户的关注。同时,其独特的品牌合作策略、体验场景广、互动效率高等特点使其在直播电商领域具有不可取代的地位。快手直播的特点主要包括如下几个方面。

- 多样化的内容呈现:快手直播涵盖了各个领域的内容,包括搞笑、游戏、美食、音乐等。这种多样化的内容呈现让用户不仅可以观看他人的直播,也可以展现自己的才艺和特长,为用户提供了更多与他人互动的机会。
- 丰富的互动形式:快手直播提供了多种互动工具,如点赞、评论和送礼物等,用户可以通过这些互动工具与主播进行实时的互动。这种丰富的互动形式让观众不再是被动的观看者,而是成为参与者,使直播更加生动有趣。
- 用户类型多样:快手用户的男女比例均衡 30 岁以下用户占 70%;三、四线城市和农村用户约占 55%;北方用户较多。
- 品牌合作特性:快手主要在直播间带货,以中小型创业品牌为主。与头部主播合作带货,可以帮助品牌快速打造爆款,带来更多品牌曝光。
- 真实感强:快手直播的即时性减少了可用的修饰手段,展示了更接近观众认知中的真实画面。
- 体验场景广:直播间可同时接待的观众数量远超线下导购场景,且体验场景容易从销售场景扩展到制造、采购等场景。
- 互动效率高:观众与主播的互动也存在即时性,观众可以快速提问并获得反馈,电商亦可迅速对市场真实情绪做出反应。

3.1.4 京东直播

京东直播是一种电商营销模式,通过直播的方式将商品展示给消费者,帮助消费者更加深入地了解商品的特点和使用方法,同时提供购物服务。京东直播将直播与电商紧密结合,为消费者和商家提供了一个全新的互动平台。图 3-5 为京东 App 的"精选"页面。

在京东直播中，商家可以展示自己的商品，通过直播的形式与消费者进行互动，提升品牌知名度和销售额。消费者则可以通过观看直播了解商品，获得更加真实、生动的购物体验。京东直播注重用户体验和专业化的程度，旨在为消费者和商家提供更加优质的服务。京东直播的主要特点包括如下几个方面。

- 直播带货：京东直播以带货为核心，主播通过直播的形式展示和推销商品，帮助消费者更加深入地了解商品的特点、使用方法等，并引导消费者进行购买。

- 内容与电商结合：京东直播将内容与电商紧密结合，通过

图 3-5 京东 App 的"精选"页面

直播的形式提供更加丰富、生动的商品展示方式，增强了消费者的购物体验。

- 用户体验至上：京东直播通过提供优质的直播内容和完善的购物服务，提升用户的购物体验。同时，京东直播还为用户提供了多种互动工具，如评论、点赞、送礼物等，促进了用户与主播之间的交流与互动。

- 营销推广：京东直播不仅是一个带货平台，也是一个营销推广平台。商家可以通过直播的形式宣传自己的品牌、推广商品，提高品牌知名度和销售额。同时，京东直播还为商家提供了多种营销工具，如优惠券、限时抢购等，帮助商家更好地推广商品。

- 专业化程度高：京东直播注重专业化程度，针对不同类别的商品，

有不同领域的主播进行直播带货。这些主播通常对所带货的商品有深入的了解，能够为消费者提供更加专业、可靠的购物建议。

3.1.5 直播平台的选择

面对众多直播平台，该如何选择呢？需要考虑如下几个方面。

- 平台的用户规模和活跃度：选择用户规模较大、活跃度较高的平台，可以更好地推广直播内容和吸引观众。
- 平台的AI技术实力：选择具备成熟AI技术的平台，可以提供更稳定、高清的直播效果，以及更丰富的互动功能。
- 平台的功能和工具：选择具备多样化功能和工具的平台，可以满足各种直播需求，如实时互动、弹幕评论、礼物打赏等。
- 平台的费用和收益：选择费用较低、收益较高的平台，可以降低直播成本并提高盈利能力。
- 平台的口碑和评价：选择口碑良好、评价较高的平台，可以保障直播质量和用户体验。
- 平台的开放性和拓展性：选择开放性较好、拓展性较强的平台，可以方便地接入其他工具和服务，提高直播内容的多样性和丰富性。

以目前较为火热的淘宝直播、抖音直播、快手直播、京东直播为例，其各项情况对比如表3-1所示。

表3-1 淘宝直播、抖音直播、快手直播、京东直播各项情况对比

对比项	淘宝直播	抖音直播	快手直播	京东直播
平台的用户规模和活跃度	作为中国最大的电商平台之一，淘宝的用户规模和活跃度都非常高	抖音作为一款短视频平台，其用户规模和活跃度非常高，吸引了大量年轻用户	快手作为一款短视频平台，用户规模和活跃度很高，吸引了大量下沉市场的用户	京东用户规模和活跃度相对较高。主要围绕商品推广和品牌宣传，吸引了部分特定需求的用户

续表

对比项	淘宝直播	抖音直播	快手直播	京东直播
平台的AI技术实力	淘宝直播平台应用了智能推荐、智能美颜等AI技术，提升了直播的观看体验	抖音直播平台应用了智能剪辑、智能识别等AI技术，使直播内容更加丰富多样	快手直播平台应用了智能语音识别、智能推荐等AI技术，提高了直播的互动性和观赏性	京东直播平台相对其他平台在AI技术方面的应用较少，主要以商品推广和品牌宣传为主
平台的功能和工具	淘宝直播平台提供了美颜、滤镜、音效等功能和工具，方便主播进行现场展示和互动	抖音直播平台提供了弹幕、评论、礼物等功能和工具，方便主播与观众进行互动	快手直播平台提供了语音识别、弹幕评论等功能和工具，方便主播与观众进行互动	京东直播平台的功能和工具相对较少，主要以商品展示和推广为主
平台的费用和收益	淘宝直播平台提供了免费开播功能，但也有一些付费推广和增值服务需要额外付费。主播可以通过推广商品获得收益	抖音直播平台提供了免费开播功能，但也有一些付费推广和增值服务需要额外付费。主播可以通过观众打赏、广告植入等方式获得收益	快手直播平台提供了免费开播功能，但也有一些付费推广和增值服务需要额外付费。主播可以通过观众打赏、广告植入等方式获得收益	京东直播平台主要是以品牌推广和商品销售为目的，通常需要主播支付一定的费用。收益方面主要依靠销售业绩和广告合作等
平台的开放性和拓展性	淘宝直播平台相对较为开放，与其他电商平台合作较多，也有一些第三方服务商提供相关服务	抖音直播平台具有一定的开放性，与一些知名品牌和企业合作进行推广。同时，抖音开放了API接口，可以与第三方应用进行集成	快手直播平台相对较为开放，与一些品牌和企业合作进行推广。此外，快手还为电商主播提供了开店功能，方便其在平台上进行商品销售	京东直播平台主要服务于京东电商平台本身，与其他平台的合作相对较少。不过京东开放了部分API接口，可以与第三方应用进行集成

每个平台的用户规模和活跃度、AI技术实力、功能和工具、费用和收益及开放性和拓展性都有所不同。在选择平台时，需要综合考虑这些因素及个人或企业的需求和目标。

3.2 搭建 AI 数字人直播间

在搭建AI数字人直播间时，要确保技术稳定，可以提供高质量的用户体验、提升品牌形象、提高工作效率与互动性、增强可扩展性、降低运营风险，以实现更高的用户参与度和转化率。

3.2.1 搭建 AI 数字人直播间的基本要求

搭建AI数字人直播间需要遵循一定的要求，以确保技术稳定、用户体验良好，并降低运营成本和风险。这些要求包括技术、设备等多个方面。技术方面要求确保使用的技术和设备经过验证，以保证直播间的稳定运行；设备方面要求提供高质量的画质和音质，以提升观众体验。遵循这些要求，可以打造一个稳定、高效、吸引人的AI数字人直播间，提升用户购买转化率，为商家创造更多价值。

具体而言，搭建一个AI直播间需要考虑图3-6所示的技术、硬件设备、用户体验等方面。

- 技术：需要掌握虚拟形象生成技术、语音合成技术、虚拟形象控制技术、网络传输技术等。这些技术可以实现虚拟主播的实时互动，保证直播的流畅性和稳定性。

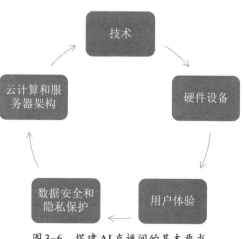

图3-6 搭建AI直播间的基本要求

- 硬件设备：需要准备高质量的摄像头、麦克风、照明设备等，以及安装相应的硬件驱动程序和软件。同时，需要确保电源插座、网络连接等基础设施无障碍。
- 用户体验：需要考虑用户界面设计、操作流程、内容分发能力等，以提升观众的参与感和互动体验。需要提供丰富的互动功能，如实时聊天、弹幕、礼物打赏等。同时，需要确保直播内容的质量和合规性，避免出现不良内容。
- 数据安全和隐私保护：在搭建AI直播平台时，需要考虑用户数据的安全性和隐私保护。需要采取有效的加密技术和隐私保护措施，确保用户数据不被泄露和滥用。
- 云计算和服务器架构：由于AI直播需要进行大量的计算和存储，因此需要使用云计算技术和强大的服务器架构来支持。需要选择可靠的云计算服务商，并确保服务器的高可用性和可扩展性。

3.2.2 搭建 AI 数字人直播间的方法和步骤

搭建AI数字人直播间涉及多个方面的技术和设备，包括虚拟形象生成技术、硬件设备、网络传输技术等。如果方法和步骤不正确，可能会导致技术故障或直播效果不佳。

此外，还需要考虑到用户体验和互动效果。一个好的直播间应该提供高质量的音视频效果、流畅的网络传输、丰富的互动功能等，以吸引和留住观众。如果搭建直播间的过程中没有考虑到这些因素，可能会导致用户流失和直播效果不佳。

因此，在搭建AI数字人直播间时，需要认真规划和设计，选择合适的技术和设备，遵循正确的步骤和方法，确保直播间的稳定性和可用性，以提供更好的用户体验和直播效果。搭建AI数字人直播间的方法和步骤如图3-7所示。

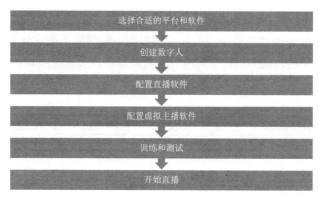

图 3-7　搭建 AI 直播间的方法和步骤

第1步 选择合适的平台和软件。选择一个适合直播带货的平台，如淘宝直播、抖音直播、快手直播等。同时需要选择一款合适的 AI 数字人直播带货软件，以满足数字人主播的实时互动、语音合成、虚拟形象控制等功能需求。

第2步 创建数字人。使用数字人制作软件来制作一个数字人，并根据直播带货的场景和主题来设计数字人的外貌、语音、动作等。如果自己不具备这些能力，可以寻找有资质的公司进行帮助。

第3步 配置直播软件。安装并配置直播软件，如淘宝直播、抖音直播伴侣等。确保直播软件与选择的 AI 数字人直播带货软件兼容，并能够实现实时互动、语音合成等功能。

第4步 配置虚拟主播软件。根据选择的 AI 数字人直播带货软件的要求，配置虚拟主播软件。需要设置默认背景或自定义背景，添加直播间装饰，添加产品，设置主播使用的语言、语速、音色等。

第5步 训练和测试。对数字人进行训练和测试，确保其能够正确地进行语音合成和互动。同时，对直播间进行测试，确保其稳定性和流畅性。

第6步 开始直播。一旦数字人和直播间都准备好了，就可以开始直播了。在直播过程中，需要保持与观众的互动，及时回复问题，提高观众的参与度和购买转化率。

以上是搭建 AI 数字人直播间的基本步骤。需要注意的是，由于 AI 技术还在不断发展和完善中，因此需要根据实际情况不断优化和改进数字人和直播间的性能与功能。同时，也需要遵守相关法律法规和平台规定，确保直播内容的合规性和合法性。

3.2.3 案例解读：通过"慧播星"搭建 AI 数字人直播间

"慧播星"是一个 AI 全栈式数字人直播平台，依托多种自研技术及文心一言大模型的能力，具备直播间一键装修、智能创作剧本、高度拟真复刻主播形象等特色功能，可以赋能无直播能力的中小商家，实现低门槛、24 小时直播带货。

1. 优势

"慧播星"基于百度强大的技术实力，为品牌商家提供了一种全新的直播带货方式，具有以下核心特点和优势。

- 高效率与低成本：慧播星极大地降低了开播的门槛，通过简单的步骤，最快 5 分钟就能完成数字人直播间的制作。这意味着品牌商家无须投入大量时间和资金，就能快速搭建起一个高质量的数字人直播间。
- 高度拟真的数字人主播：慧播星在数字人主播的形象拟真度上表现突出，真人相似度高达 99%，声音还原度高达 96%。这意味着数字人主播在直播中的表现更加真实自然，能够增强消费者的购买动力。
- 智能化的直播功能：慧播星数字人主播具备智能语音互动、智能推荐等功能。它们可以实时回答观众的问题，进行互动游戏，提供个性化的推荐服务，从而增强直播的互动性和吸引力。
- 多样化的直播内容：慧播星支持多样化的直播内容，包括产品介绍、品牌宣传、互动游戏等。品牌商家可以根据自身需求和产品特点，策划出丰富多彩的直播内容，提升观众的参与度和黏性。
- 实时的数据分析与优化：慧播星提供实时的数据分析功能，帮助品牌商家了解直播效果、观众行为等关键信息。这使品牌商家能够根据数据反馈及时调整直播策略，优化内容策划和互动方式，提高带货转化率和用户满意度。

2. 适用范围

慧播星作为百度推出的数字人直播解决方案,具有广泛的适用范围。它可以应用于各种类型的直播带货场景,满足不同行业和品牌商家的需求。

首先,慧播星适用于电商平台的直播带货。无论是大型电商平台还是小型电商店铺,都可以通过慧播星快速搭建数字人直播间,进行产品展示、销售推广和互动营销。慧播星的高效率和低成本特点使电商平台能够轻松实现24小时不间断的直播带货,提高销售效率和用户体验。

其次,慧播星也适用于品牌商家的官方直播间。品牌商家可以通过慧播星定制专属的数字人主播,展示品牌形象、推广新产品和进行用户互动。慧播星的高度拟真和智能化功能可以帮助品牌商家打造个性化的直播体验,增强品牌影响力和用户黏性。

最后,慧播星还可以应用于社交媒体平台的直播带货。社交媒体平台的用户群体数量大且活跃度高,通过慧播星进行直播带货可以吸引更多用户的关注和参与。数字人主播的智能语音互动功能可以与社交媒体平台的用户进行实时交流,提高用户参与度和直播效果。

3. 搭建步骤

慧播星作为百度推出的数字人直播解决方案,搭建过程相对简便且高效。以下是搭建慧播星数字人直播间的步骤。

- 进入慧播星平台:登录百度账号后,进入慧播星平台,可以看到关于慧播星的详细介绍和功能展示。
- 选择数字人主播:在慧播星平台上,可以选择符合自己的品牌形象和需求的数字人主播。可以根据自己的喜好和品牌定位,挑选出最适合的数字人主播形象。
- 定制数字人主播:选择了数字人主播的形象后,还可以对其进行进一步的定制。包括调整数字人的面部表情、动作、语速等,以使其更加符合自己的品牌形象和直播需求。
- 设置直播场景:接下来,需要设置直播场景。慧播星提供了多种场景模板可供选择，也可以根据自己的需求进行自定义设置。可以选择合适的背景、道具等，打造出符合品牌调性的直播环境。

- 配置直播功能：在慧播星平台上，可以配置各种直播功能，如商品展示、互动游戏、抽奖等。这些功能可以根据自己的需求进行选择和配置，以增加直播的趣味性和互动性。
- 进行直播测试：搭建完成后，可以进行直播测试。通过测试，可以检查直播效果、数字人主播的表现及各项功能是否正常运行。如果有需要调整的地方，可及时进行优化和改进。
- 正式开播：一切准备就绪后，就可以正式开播了。在直播过程中，可以通过慧播星平台实时监控直播数据、与观众互动，并根据需要进行调整和优化。

【点拨】AI 数字人直播需要注意哪些封号风险？

AI 数字人直播面临封号风险，这一风险主要来自对直播平台各项规定的遵循情况。不同的直播平台有不同的管理政策，如果 AI 数字人直播的内容违反了这些规定，就有可能导致账号被封禁。除此之外，以下几种风险也是 AI 数字人直播需要重点规避的。

1. 直播内容违规

如果直播内容包含违法、违规、敏感信息等内容，如色情、暴力、诈骗、赌博等，或者涉及政治敏感、负面新闻、民族宗教等内容，都可能导致账号被封禁。因此，AI 数字人直播的内容需要严格遵守平台规定，确保直播内容的合规性。

2. 侵犯他人权益

如果直播内容侵犯了他人权益，如使用未经授权或侵权的音乐、视频、图片等素材，或者恶意抄袭、模仿他人的形象、声音等，也可能导致账号被封禁。因此，AI 数字人直播需要使用合法的素材，并尊重他人的知识产权和肖像权。

3. 违反平台商业政策

如果AI数字人直播违反了平台的商业政策，如进行虚假宣传、误导消费者、恶意竞争等，或者涉及平台禁售或限售的商品或服务，也可能导致账号被封禁。因此，AI数字人直播需要遵守平台的商业政策，确保直播内容的真实性和合法性。

4. 技术故障或违规操作

如果AI数字人直播过程中出现技术故障或违规操作，如画面卡顿、延迟、音画不同步等问题，或者使用非法软件或设备进行推流等操作，也可能导致账号被封禁。因此，AI数字人直播需要确保技术稳定和合规操作，避免出现技术故障或违规操作。

总之，AI数字人直播需要严格遵守平台规定和相关政策，确保直播内容的合规性和真实性，避免侵犯他人权益并防范技术故障或违规操作的发生。同时，平台也应加强对AI数字人直播的监管力度，确保直播行业的健康有序发展。

第4章
AI 直播带货选品策略

直播团队要紧扣目标受众的需求和喜好，结合大数据分析、AI智能推荐、直播间测品及可靠的供货渠道等多个环节来制定和执行选品策略。在选品时，首要考虑的是产品的质量和口碑，只有高品质、高评价的产品才能赢得消费者的信任。同时，通过AI技术的支持，可以精准洞察消费者的购买习惯和偏好，为选品提供数据依据。直播间测品则是确保产品适合直播推广的重要环节，通过实际试用和展示，筛选出最符合直播主题和品牌形象的产品。最后，与可靠、有信誉的供应商建立长期合作关系，确保产品的稳定供应和质量可控。这样的选品策略不仅有助于提升消费者的购物体验，也为品牌的长远发展奠定了坚实的基础。

通过本章的学习，你将会掌握有关AI选品的方法与技巧，了解到如何紧扣目标受众的需求和喜好进行选品，如何利用AI技术进行精准的数据分析和智能推荐，如何在直播间进行有效的产品测试，以及如何选择合适的供货渠道。这些知识和技巧将帮助你在AI数字人直播带货的过程中制定并执行科学有效的选品策略，从而在激烈的市场竞争中脱颖而出，实现最佳的直播效果和销售业绩。

4.1 选品原则

直播间选品需要综合考虑产品定位、市场需求、产品品质、产品价格和创新等多个因素。通过科学的选品原则和方法,选出适合直播间的优质产品,提升销售效果、塑造品牌形象和改善用户体验。

4.1.1 选择满足粉丝需求的产品

选择满足粉丝需求的产品对于直播选品至关重要。通过深入了解粉丝的需求和喜好,主播可以更好地为粉丝推荐合适的产品,提升销售效果和用户满意度。同时,这也有助于建立长期的信任关系,提升品牌形象和口碑。

1. 深入分析用户行为数据

粉丝的购买历史、浏览记录和互动行为统称为"用户行为数据"。深入分析这些数据可以更准确地了解粉丝的需求和喜好,从而更好地选择满足粉丝需求的产品。表4-1是对这些数据的具体分析。

表4-1 用户行为数据分析

行为类型	具体指标	内容分析
购买历史	购买频率	分析粉丝的购买频率有助于了解他们的购买习惯和忠诚度。如果粉丝经常购买,说明他们对品牌或产品有一定的忠诚度,可以针对这类粉丝提供更多的相关产品或增值服务
购买历史	购买产品种类	分析粉丝购买的产品种类有助于了解他们对不同类型产品的偏好。例如,如果粉丝经常购买某品牌的手袋,可以考虑为他们推荐该品牌的其他配饰或服装产品
购买历史	购买时间	分析粉丝的购买时间可以了解他们的购买决策过程。例如,如果大部分粉丝在某个特定时间段内进行购买,可以考虑在这个时间段内加强促销或推广活动

续表

行为类型	具体指标	内容分析
浏览记录	浏览时长	分析粉丝在网站或App上的浏览时长可以了解他们对产品或内容的感兴趣程度。如果粉丝在某个页面停留时间较长,说明他们对这个页面或产品有兴趣,可以考虑为他们推荐更多相关产品
	浏览路径	分析粉丝的浏览路径可以了解他们的浏览习惯和决策过程。例如,如果大部分粉丝先浏览了某类别的产品,再浏览其他类别,说明他们在选择产品时有一定的决策顺序
	访问页面类型	分析粉丝访问的页面类型可以了解他们对哪些类型的内容感兴趣。如果粉丝经常访问某品牌的产品介绍页面,说明他们对产品的详细信息感兴趣
互动行为	评论和反馈	分析粉丝的评论和反馈可以了解他们对产品或品牌的意见和看法。如果粉丝经常发表正面评价,说明他们对产品或品牌满意度较高,可以考虑为他们提供更多的优质产品和服务
	分享和转发	分析粉丝的分享和转发行为可以了解他们对产品和品牌的传播意愿。如果粉丝经常分享或转发品牌的内容,说明他们对品牌有一定的认同感和忠诚度
	点击和点赞	分析粉丝的点击和点赞行为可以了解他们对哪些内容感兴趣并愿意参与互动。如果粉丝经常点击某个推广链接或点赞某条微博,说明他们对这个内容有兴趣并愿意参与互动

2. 利用AI技术预测粉丝的潜在需求和喜好

AI技术也可以应用在直播选品环节。如图4-1所示,利用AI技术进行直播选品,预测粉丝的潜在需求和喜好,有以下优势。

- 数据分析：AI可以对大量的粉丝数据进行分析，包括粉丝的行为、兴趣、购买历史等，从而发现粉丝的潜在需求和喜好。通过这些数据，可以更好地理解粉丝的行为模式，为选品提供依据。
- 精准推荐：基于AI的分析结果，主播可以更加精准地为粉丝推荐符合其需求和喜好的产品。这将有助于提高转化率，增加销售额。

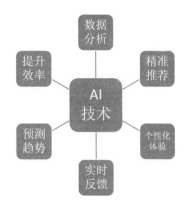

图4-1　利用AI技术预测粉丝的潜在需求和喜好

- 个性化体验：AI技术有助于实现个性化的直播内容推荐，为每个粉丝提供定制化的观看体验。通过分析粉丝的行为和喜好，可以推送符合其兴趣的内容，提升粉丝的满意度。
- 实时反馈：AI技术可以实时收集和分析粉丝的反馈数据，包括点赞、评论、停留时间等，从而快速了解粉丝对直播内容的反应。根据这些反馈，主播可及时调整直播策略，优化选品内容。
- 预测趋势：AI技术可以通过对市场数据的分析，预测未来的市场趋势和流行元素。基于这些预测结果，主播可以提前准备相应的选品内容，抓住市场机遇。
- 提升效率：AI技术可以自动化地处理大量数据和信息，减轻人工分析的工作量，提高选品的效率。同时，AI的精准分析和预测能力也可以减少试错成本，降低风险。

商家可在平台后台或借助数据分析工具（如飞瓜数据）来查看粉丝相关的数据，如性别、年龄、地域、消费习惯等。图4-2为某美妆达人的部分粉丝特征信息。

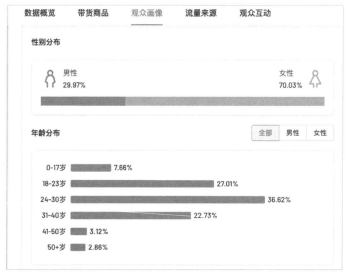

图 4-2　某美妆达人的部分粉丝特征信息

利用 AI 技术分析粉丝的潜在需求和喜好，可以帮助主播更好地理解粉丝需求，提高选品的精准度和直播效率，提升用户体验和购买转化率。这有助于增加销售额和用户满意度，为直播业务带来更多商业机会。

4.1.2　选择具有良好口碑的产品

选择具有良好口碑的产品进行直播带货，能够提升消费者的购买意愿、增加产品的曝光度、提高销售额、建立信任和忠诚度、降低风险、提升主播形象及增强互动和参与度。因此，在直播选品时，主播应该选择具有良好口碑的产品，从而实现更好的直播带货效果。

在选品时，为了了解产品的口碑，可以通过电脑或手机访问各大电商平台，如淘宝、京东、天猫等，查看用户评价和评分。例如，在移动端的淘宝中输入产品关键词（这里以"梳子"为例），页面中会显示多个与之相关的产品信息，如图 4-3 所示。点按进入任意产品详情页，下拉可以看到产品评价及"问大家"等信息，可查看消费者对于产品的评价、评分等具体信息，如图 4-4 所示。

第 4 章 AI 直播带货选品策略

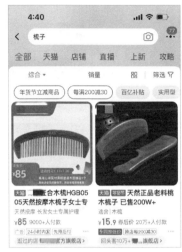

图 4-3 产品搜索页面

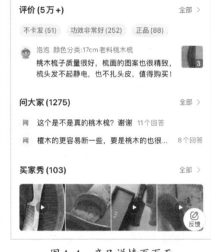

图 4-4 产品详情页页面

选择口碑好、评价高的产品进行直播带货，可以增加消费者对产品的信任，提高消费者的购买意愿和忠诚度。这是因为口碑和评价是消费者决策的重要依据，当消费者看到其他人的好评和推荐时，会更容易产生购买决策。

通过直播带货的方式，主播可以将产品的优点、特点及口碑和评价呈现给观众，帮助观众更好地了解产品。同时，主播的专业推荐和亲身试用也可以增加观众对产品的信任度，进一步提高消费者的购买意愿。

此外，选择口碑好、评价高的产品进行直播带货不仅可以帮助消费者找到更适合自己的产品，也可以通过比较不同产品的好评率和口碑情况，为消费者提供更多的购买建议和参考。

4.1.3 选择具有高性价比的产品

在直播选品时，选择具有高性价比的产品是非常重要的。这不仅有助于提高销售量、降低退货率、增加复购率，还有助于提升品牌知名度和产品口碑。选择具有高性价比产品的具体优点如图 4-5 所示。

- 吸引消费者：消费者总是在寻找物有所值的产品。高性价比意味着产品在价格和质量上都能吸引目标受众，促使他们做出购买决定。
- 增加竞争力：高性价比产品有助于在竞争激烈的市场中脱颖而出，特别是在直播环境中，观众可以轻易比较不同主播所提供的产品。
- 建立信任：提供高性价比的产品能够建立和增强消费者对主播和品牌的信任。对产品满意的顾客更有可能成为忠实的回头客，并向他人推荐产品。

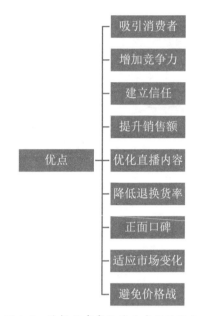

图4-5 选择具有高性价比产品的优点

- 提升销售额：高性价比产品更容易促成交易，因为它们往往符合大众的需求和预算，从而带来更高的销售额。
- 优化直播内容：高性价比产品通常具有更多的卖点和亮点，这为主播提供了丰富的内容素材，使直播更加有趣和吸引人。
- 降低退换货率：当产品质量与价格相匹配时，消费者满意度提高，相应地减少了退换货的情况，节约了成本并与顾客保持了良好的关系。
- 正面口碑：高性价比产品更容易获得好评，积极的用户反馈和口碑可以吸引更多潜在顾客，扩大直播的影响力。
- 适应市场变化：高性价比产品通常更容易适应市场的变化和消费者需求的变化，使直播带货能够持续稳定地发展。
- 避免价格战：选择高性价比产品可以避免与其他主播或商家进行单纯的价格竞争，转而以真实的价值来吸引顾客。

综上所述，选择具有高性价比的产品对于直播带货的成功是至关重要的，它不仅可以增加消费者的购买意愿，还能提升品牌形象，促进长期业务的发展。

在直播选品过程中，判断一个产品是否具有高性价比通常涉及多方面的考量，如评估产品的进货成本和市场售价。高性价比的产品往往有一个合理的利润空间，同时其售价对于目标消费者来说是可接受的。

4.1.4　选择适合直播带货的产品

AI带货是使用人工智能技术来辅助或主导销售过程，包括通过智能推荐系统、聊天机器人等手段进行产品推介和销售。在选择适合AI带货的产品时，可以使用如下几个标准来判断。

- 标准化程度高：AI算法更容易处理标准化程度高的产品，因为这类产品的属性和特征更容易被量化和描述。例如，服装、电子产品等，这些产品的规格、尺寸、颜色等都可以被清晰地定义和描述。
- 价格适中：价格过高或过低的产品通常不适合AI带货。价格过高的产品需要更多的个性化服务和咨询，而AI在这方面无法完全替代人类。价格过低的产品则可能利润较低，无法支撑AI带货的成本。
- 受众广泛：适合AI带货的产品通常具有广泛的受众群体，因为AI可以通过大数据分析和机器学习算法来精准地定位目标受众，并根据其需求和偏好进行个性化推荐。
- 创新性强：创新性强的产品往往能引起消费者的兴趣和好奇心，从而更适宜于AI带货。例如，一些新颖的科技产品、智能家居设备等往往具有较高的附加值和利润空间。
- 易于展示和解释：适合AI带货的产品应该易于在数字平台上展示和解释。通过图片、视频、文字等方式，AI可以生动地展示产品的外观、功能和使用方法，从而吸引消费者的注意力并激发其购买欲望。

综上所述，适合AI带货的产品类型广泛，包括但不限于服装、电子产品、家居用品、美妆护肤、食品饮料等。需要注意的是，不同产品类别的AI带货效果可能因市场状况、消费者偏好和产品特点等因素而有所差异。因此，在选择适合AI带货的产品时，应充分考虑这些因素并进行深入分析。

4.2 AI 技术在直播选品中的应用

AI技术在直播选品中发挥着重要作用，具体体现在市场需求预测、竞争分析及产品推荐算法三方面。这些应用不仅提升了直播间的用户体验和销售业绩，还为主播和商家提供了更科学、更高效的选品方法和决策支持。

4.2.1 市场需求预测

AI技术具有强大的数据处理和模式识别能力，可以通过分析历史数据、市场趋势、消费者行为等多个因素来预测未来的市场需求。

具体来说，AI技术可以利用机器学习算法对历史销售数据进行训练和学习，从而识别出影响市场需求的关键因素和潜在趋势。通过对这些因素和趋势的分析，AI可以构建出预测模型，对未来的市场需求进行预测和估计。

同时，AI技术还可以结合其他数据源，如社交媒体评论、在线搜索数据、经济指标等，来提供更全面和准确的市场需求预测。这些数据源可以提供实时的市场反馈和消费者意见，帮助AI更好地把握市场动态并调整预测模型。

虽然AI预测并非完全准确，但结合多方面的因素和数据源，可以显著提高预测的准确性和可靠性。因此，越来越多的企业开始利用AI技术进行市场需求预测，以制定更合理的生产和销售策略，提高市场竞争力和盈利能力。

一个典型的使用AI技术进行市场需求预测的例子是电商平台的销售预测。首先，平台会收集大量的历史销售数据，包括产品的销售量、价格、促销活动、季节性变化等信息。然后，通过机器学习算法对这些数据进行训练和学习，识别出影响销售额的关键因素和潜在趋势。

在模型构建完成后，电商平台可以利用该模型对未来的销售需求进行预测。例如，根据历史销售数据和当前的市场趋势，模型可以预测出某种产品在未来一段时间内的销售量。这种预测可以帮助电商平台更好地制定库存管理策略，避免库存积压或缺货问题。

此外，电商平台还可以结合其他数据源，如用户的搜索记录、购物车商品、评论反馈等，来提供更准确的销售预测。这些数据可以反映消费者的实时需求和偏好，帮助平台及时调整产品供应和营销策略。

通过AI技术的市场需求预测，电商平台可以实现更精细化的运营管理，提高销售额和用户满意度。同时，这种预测也可以为供应商和制造商提供有价值的市场信息，帮助他们更好地把握市场机会和调整生产计划。

4.2.2 竞争分析

通过AI技术可以进行竞争分析。AI技术具有强大的数据处理和分析能力，可以帮助企业更深入地了解市场、竞争对手和消费者，从而制定更有效的竞争策略。

在竞争分析中，AI技术可以应用于多个方面，包括图4-6所示的市场趋势预测、竞争对手分析、消费者行为分析、风险管理。

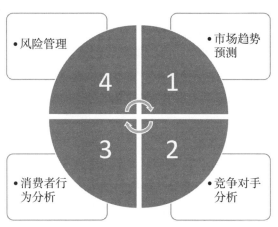

图4-6 AI技术的竞争分析应用

- 市场趋势预测：AI可以通过分析历史数据、市场动态、消费者行为等，预测未来的市场趋势，从而帮助企业及时调整战略。

- 竞争对手分析：AI可以自动收集和分析竞争对手的产品信息、价格策略、市场活动等，为企业提供全面的竞争情报。
- 消费者行为分析：AI可以深入分析消费者的购买习惯、偏好、社交媒体互动情况等，帮助企业更精准地定位目标市场和消费者群体。
- 风险管理：AI可以帮助企业识别潜在的市场风险和竞争威胁，提前制定应对策略。

通过AI进行竞争分析有明显的优势，如AI技术使决策过程更加数据驱动，减少了人为的偏见和误判，提高了决策的准确性和效率；实时处理和分析大量数据，使企业能够迅速响应市场变化；基于先进的机器学习算法，AI的预测能力在很大程度上优于传统的分析方法；自动完成许多烦琐的数据收集和分析工作，节省了人力成本和时间成本。

AI技术在竞品分析中应用广泛，以智能手机市场为例。某智能手机制造商想要推出一款新手机，并希望在市场上获得竞争优势。为了实现这一目标，他们决定利用AI技术进行竞品分析。

首先，他们收集了市场上主要竞争对手的智能手机销售数据、用户评价、功能特点等信息。然后，他们利用AI算法对这些数据进行了综合分析和比较。

通过AI技术的分析，该制造商发现了一些关键的市场趋势和竞争对手的弱点。例如，他们发现竞争对手的某款手机在电池续航方面存在不足，而用户对于电池续航的需求却越来越高。同时，他们还发现竞争对手的产品在拍照功能上表现并不出色，而拍照功能是很多用户非常关注的一个方面。

基于这些发现，该制造商决定在新手机的设计中注重电池续航和拍照功能的提升。他们加大了对于这两个方面的研发和优化力度，并在新手机的宣传中突出了这两个卖点。

新手机上市后果然获得了很高的用户评价和市场份额。用户对于新手机的电池续航和拍照功能非常满意，这使该制造商在市场上获得了明显的竞争优势。

这个案例展示了AI技术在竞品分析中的应用和价值。通过对竞争对手的产品和销售数据进行深度分析和比较，AI可以帮助企业发现竞争对手的弱点和市场机会，并为企业的产品设计和市场策略提供有力的支持。这有助于企业在激烈的市场竞争中获得优势，提升产品的竞争力和市场份额。

4.2.3 产品推荐算法

通过AI技术可以实现产品推荐算法。这些算法通常基于机器学习和数据挖掘技术，通过分析用户的偏好、行为和历史数据，从海量产品中选取符合用户兴趣和需求的产品进行推荐。

产品推荐算法的工作流程包括数据采集、预处理、特征工程、模型训练、评估及优化等关键环节。其中，数据采集阶段需要收集用户行为数据，如购买历史、浏览记录等；预处理阶段是对这些数据进行清洗和转换，以便于后续的分析和建模；特征工程阶段是从原始数据中提取有意义的特征，用于训练推荐模型；模型训练阶段是选择合适的算法和模型，并利用历史数据进行训练；评估和优化阶段则是对训练好的模型进行评估，并根据评估结果进行调整和优化。

在产品推荐算法中，AI技术可以根据用户的行为和偏好来进行个性化推荐。例如，通过分析用户的购买历史和浏览行为，算法可以发现用户的兴趣偏好，并据此推荐相似的产品或用户可能感兴趣的产品。此外，算法还可以考虑产品的属性、标签、用户评价等信息，找到与用户当前浏览或购买产品具有相似特征的其他产品，从而拓宽用户的购买选择范围，提高销售转化率。

在内容平台如抖音、快手等短视频平台或今日头条等新闻资讯平台，产品推荐算法也扮演着重要角色。这些平台会根据用户的浏览记录、点赞、评论等信息，为用户推荐他们可能感兴趣的内容或产品。例如，当用户观看了一些时尚或美食相关的视频后，推荐算法可以向其推荐相关的产品或内容。

下面以某直播间为例，来说明如何使用产品推荐算法来提升用户体验和销售业绩。该直播间是一个专注于时尚服饰销售的电商平台，拥有大量的用户和产品。为了向用户推荐他们可能感兴趣的产品，该直播间采用了基于协同过滤的产品推荐算法。

首先，该算法会收集用户的行为数据，包括用户的购买历史、浏览记录、点赞、评论等信息。然后，通过对这些数据进行预处理和特征工程，提取出有意义的特征，如用户的偏好、购买力、时尚品位等。

接着，算法会利用这些特征来构建用户画像，并根据用户画像之间的相似性来找到相似的用户群体。这些相似的用户群体被称为"邻居"，他们的购买行为和偏好可以被用来预测目标用户的兴趣。

当目标用户进入直播间时，算法会根据目标用户的画像和"邻居"的购买行为，从海量的产品中选取出符合目标用户兴趣和需求的产品进行推荐。这些推荐结果可以在直播间的推荐位、弹窗广告等位置展示给用户，引导用户进行购买。

例如，如果一个用户经常购买时尚潮流的服饰，并在直播间中浏览了一些类似的产品，那么算法可能会将这些产品及与之相似的其他潮流服饰推荐给该用户。这样，用户就可以更方便地找到自己喜欢的产品，从而提高购买转化率。

4.3 直播间产品结构规划

合理的产品结构规划可以帮助主播和团队更好地组织和管理直播内容，改善直播效果和用户体验。首先，产品结构规划有助于主播明确直播的主题和目的。通过规划不同类型的产品，主播可以根据自己的专长和受众需求，选择适合自己的产品组合，从而更好地展现自己的特色，吸引和留住观众。

其次，产品结构规划可以提高直播的效率。通过提前规划好产品顺序和时间分配，主播可以在直播过程中有条不紊地介绍和展示产品，避免出现混乱或重复的情况。同时，合理的产品结构规划还可以让观众更清晰地了解产品的特点和优势,从而提高转化率。

此外,产品结构规划还可以帮助主播建立品牌形象和口碑。通过选择高质量、符合品牌形象的产品,主播可以塑造自己的专业形象,提高观众的信任度和忠诚度。同时,合理的产品结构规划还可以展现主播对用户的关心和用心,从而增强用户黏性和口碑传播。

因此,直播间产品结构规划是非常重要的。合理的产品结构规划可以提高直播效果、用户体验和品牌形象,为主播和团队带来更多的商业价值和社会影响力。

通常来说,一个直播间的产品应该包括图4-7所示的几种类型。这些类型的产品在直播间里分别担任不同的角色,发挥着不同的作用。

图4-7　直播间的产品类型

1. 引流款

引流款也称为秒杀福利款或钩子款,这些产品通常价格较低,甚至可以为0元,主要目的是吸引观众进入直播间,提高直播间的人气和曝光度。这些产品通常不盈利或微利,但可以帮助直播间拉新用户。

引流款一般是直播间中价格相对比较低,粉丝最容易下单购买的产品,而且一定要是大众产品,要能被大多数用户接受。引流款一般放在直播的开始阶段,如1元包邮、9.9元包邮等。有的主播会特地将某场直播设置为全场低价包邮。

2. 利润款

利润款是指直播间中单价相对较高,但可以获得高利润的产品。这些产品以盈利为主要目的,价格相对较高,但符合目标受众的购买能力和心理预期。利润款应该突出产品的独特卖点,吸引消费者购买,从而实现盈利。

直播间一定要推出利润款来实现盈利,且利润款在所有产品中要占较高的比例。值得注意的是,利润款最好等到引流款将直播间人气提升到一定高度以后再引入，在直播间氛围良好的时候推荐利润款，趁热打铁更容易促成订单。

3. 品质款

品质款也称为战略款或形象款，这些产品主要用于提升品牌形象和信任度。品质款应该是高品质、高格调、高客单价的产品，能够吸引追求个性和品质的消费者。虽然价格较高，但能够提供卓越的购物体验，增加消费者对品牌的认同感和好感度。

4. 福利款

福利款通常针对粉丝专属，需要用户加入粉丝团后才有机会抢购。福利款可以是免费送出的商品，也可以是以低价销售的商品，主要目的是回馈粉丝，激发粉丝的购买热情和忠诚度。例如，将某款产品做成低价款，"原价199元，今天'宠粉'，119元秒杀，限量1000件"，以此来激发粉丝的购买热情。

以三×松鼠的抖音直播间为例，这是一个在抖音平台上展示和销售三×松鼠品牌零食的直播间。该直播间以三×松鼠的品牌形象为核心，通过直播的形式向消费者展示各种美味的零食产品，并提供购买渠道和优惠活动。在2023年的年货节期间，三×松鼠抖音直播间的销售额同比增长了24%，单日销售额最高达到了1900万元，总销售额达到了2.9亿元。三×松鼠抖音直播间的产品结构如下。

- 引流款：三×松鼠通常会选择其热门零食产品作为引流款，以吸引观众进入直播间。例如，他们推出"每日坚果"组合包作为秒杀商品，以低价吸引消费者进入直播间，并带动整体销量，如图4-8所示。
- 利润款：对于三×松鼠而言，他们的特色产品和高利润产品可能包括高端坚果、果干及口味独特的零食。这些产品往往具有较高的售价和稳定的消费者群体，能够为直播间带来可观的利润。例如，他们推出"坚果礼欢瑞金款"，选用了"炭烤腰果""手剥巴旦木"等特色产品，以较高的价格销售给追求品质和口感的消费者，如图4-9所示。

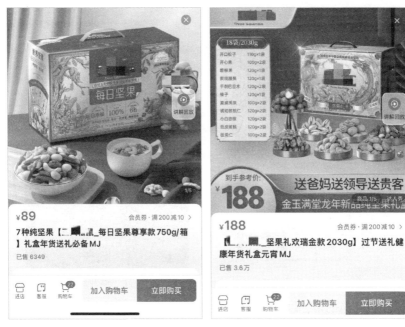

图 4-8　引流款产品　　　　图 4-9　利润款产品

- 品质款：三×松鼠直播间中的品质款可能包括一些有机、健康、无添加的零食产品。这些产品强调健康、营养和品质，能够满足消费者对健康食品的需求。

例如，他们推出售价为 219 元的"牛气满满牛肉礼"，高价位的牛肉礼既符合其品牌定位，也符合消费者对品质款产品的期待，如图 4-10 所示。

- 福利款：为了回馈粉丝和增加用户黏性，三×松鼠直播间设立了一些粉丝专属的福利款。这些产品可以以优惠的价格出售或免费赠送给粉丝，以增加粉丝的参与感和忠诚度。例如，他们在特定时间推出"超级福袋"，关注账号并发表评论的粉丝有机会 0 元获得"孜然味烤脖"产品，如图 4-11 所示。

图 4-10 品质款产品

图 4-11 福利款产品

需要注意的是，以上仅为三×松鼠抖音直播间的部分产品，更多的产品结构可能会根据市场需求、季节变化、促销活动等因素进行调整。此外，他们还会根据直播间的观众特点和互动情况，灵活调整各款产品的营销策略，以实现最佳的直播效果和商业价值。

4.4 直播间测品方法

选好产品后，为验证产品是否有潜力，可以进行测品，包括如图4-12所示的短视频测品、直播间挂链接测品及直播间互动测品等。

图 4-12 测品策略

1. 短视频测品

在发布短视频的过程中，可以添加产品链接。如果不确定某个产品是否具有潜力，可以先发布与产品相关的视频内容，再通过查看该条视频作品的点赞、评论、转发及转化等数据来判断该产品是否有潜力。

对于各项数据都较好的产品，可以初步判断其具有潜力，可在后续的直播中重点讲解；对于数据惨淡的产品，最好及时调整下架。

2. 直播间挂链接测品

在直播间中挂链接测品，可以得到产品的实时反馈数据。例如，在直播间人数不少时上架某款产品，查看产品的评论及转化数据，可大概知道用户对该产品的感兴趣程度。对于数据较好的产品，可以多加时间和镜头，展现更多的产品角度和功能；对于无人问津的产品，则可以考虑做下架处理。

3. 直播间互动测品

在直播过程中，还可以通过直播间的互动来进行测品。这种方法更为简单，即使在没有样品的情况下，也可以在闲聊中询问用户对该产品的需求和喜好程度。例如，在上架一款洗护产品之前，可由主播在闲聊中询问大家有没有喜欢的洗护品牌，对于某某品牌的洗护产品怎么看等。如果用户的呼声较高，可以考虑上架该产品；但如果用户回复说该品牌的洗护产品不行，则可以考虑换产品。

4.5 选择供货渠道

供货渠道的选择直接影响直播间的产品质量、价格竞争力、供应链稳定性及售后服务等多个方面，这些因素都是决定直播间成功与否的关键因素。

- 产品品质和可靠性：确保所选择的供货渠道能够提供高品质、可靠的产品。这可以通过查看供货商的资质、口碑、历史记录等方式来评估。

选择有良好信誉和稳定供应链的供货商，可以降低产品出现质量问题的风险。

- **价格竞争力**：在选择供货渠道时，价格是一个重要的考虑因素。比较不同供货商的价格，并综合考虑产品品质、服务和其他因素，选择具有竞争力的价格渠道。这些有助于确保直播间的利润空间，并提高产品的市场竞争力。
- **供应链稳定性**：选择有稳定供应链的供货渠道，可以确保产品的持续供应和及时交付。要考虑供货商的生产能力、库存管理和物流配送能力等因素，以确保在直播过程中不会出现缺货或延迟发货等问题。
- **售后服务和支持**：了解供货商的售后服务和支持情况。一个好的供货商应该能够提供及时、有效的售后支持，解决可能出现的问题，并提供退换货等服务。这对于维护直播间的声誉和客户满意度非常重要。
- **合作意愿和灵活性**：选择那些愿意与直播间合作，并能够提供灵活合作方式的供货商。要考虑供货商的沟通能力、合作态度和合同条款等因素，以确保在合作过程中能够达成共识，实现共赢。

通过仔细评估和比较不同供货渠道，选择最适合直播间的供货渠道，可以提高直播间的运营效率和产品质量，促进销售业绩的提升。

以前，很多商家的进货渠道以各大批发市场为主。但随着网络交易越来越便利，网络进货也逐渐走进商家的视野。这里列举几种常见的进货渠道，供大家参考。

1. 大型批发市场

国内批发市场有很多，如广州、深圳、义乌等地都分布着大大小小的批发市场。在批发市场进货的好处在于进货时间、进货数量比较灵活，并且可以亲手触摸产品，感知产品质量；需求量大的话还可以向批发商压价，有利于控制成本。

批发市场的类型各有不同，如服装类批发市场、箱包类批发市场、日用品类批发市场等。其中名气较大的批发市场如下所示。

- **服装类**：广州十三行服装批发街、广东深圳南油服装批发市场、浙江湖州织里中国童装城、四川成都荷花池批发市场、上海七浦路服装批发市场、哈尔滨海宁皮革城。

- 鞋类：广州大都市鞋城、深圳东门老街鞋业批发城、杭州九堡华贸鞋城、无锡皮革城、郑州鞋城、义乌袜子批发市场。
- 箱包类：广州桂花岗皮具市场、辽阳佟二堡海宁皮革城、浙江海宁皮草批发市场、广州狮岭（国际）皮革皮具城。
- 美妆类：广州美博城、广州化妆品批发市场、上海美博汇化妆品批发市场、河南省郑州中陆洗化城、北京美博城、武汉化妆品批发市场。
- 百货特产类：昆明螺蛳湾日用商品批发市场、长春远东商品批发市场、上海干货批发市场、南宁市交易市场、西安轻工批发市场、成都府河桥市场。
- 小商品、礼品、工艺品类：浙江义乌小商品城、深圳市义乌小商品批发城、广州荔湾广场精品饰品批发市场、广东揭阳阳美玉器批发市场、临沂市小商品城。
- 小家电、电子、五金类：佛山市华南五金电器城、重庆汽车配件批发市场、广州电子市场、广州元岗汽配城。

主播可以根据自己的产品和地理位置选择就近的批发市场。在同一个批发市场看货时，也要多对比、多询价，尽量挑选性价比高的产品。

2. 厂家进货

一件产品从生产厂家到客户手中，往往要经过许多环节，如生产厂家、全国批发商、地方批发商等。这些流通环节产生的额外费用将被分摊到每一件产品上，提高了产品的售价。所以，如果能直接从生产厂家拿货，可大幅度减少流通环节的费用，也就降低了进货成本。

主播直接从厂家进货，能够大幅度减少供应链环节，不仅能够获得价格优势，还便于退换货的处理。供应链是指由供应商（原料商）、制造商（生产商）、分销商、零售商以及消费者组成的具有整体功能的网络链，如图4-13所示。

图 4-13 供应链示意图

在供应链中,产品是从供应方到销售方再到需求方;物流是从供应方到需求方;而资金流则是从需求方到供应方;其中还包括信息流中各种角色之间的相互传递。供应链也可以概括为是由物流、资金流和信息流组成的一个网络链。

供应链是连接供应商、商家及消费者的一条通道,对于商家而言,好的供应链有利于提升店铺的运营效率。一条优秀的供应链具有产品更优(包括品质、价格)、物流更优、服务更优等特点。商家应掌握供应链的基本内容,如计划、采购、配送、退货等。

3. 抖音精选联盟

精选联盟是抖音电商版块连接商家与推广者的产品推广平台,旨在为商家和带货达人提供合作机会,帮助商家进行产品推广,帮助带货达人赚取佣金。

抖音小店的主播可以在精选联盟平台添加需要推广的产品,并设置佣金。而带货达人在线选择推广产品,制作产品分享视频,产生订单后,平台会按期与达人进行佣金结算。

4. 货源批发网站

随着直播市场的日益壮大,互联网上出现了不少货源批发网站。在货源批发网站进货,可以节省亲自到批发市场选品的时间,也可以降低诸如差旅费、运输费等成本。例如,1688批发网站就是一个典型的货源批发网站,有查找信息方便、起批量小等优点。

4.6 案例实战：使用文心一言辅助直播选品

近年来，直播电商行业蓬勃发展，选品成为直播成功的关键。选品不仅关乎产品的质量和口碑，更直接影响到主播的信誉和直播间的流量。因此，主播们亟需一种高效、精准的选品方法。文心一言作为一款强大的语言模型，为主播们提供了有力的选品辅助。

1. 主播需求与准备

主播小玲作为时尚美妆领域的佼佼者，深受粉丝们的喜爱与信赖。她即将开启一场以"夏季新品"为主题的直播，旨在向广大粉丝展示并推荐这个夏天最热门、最具有吸引力的美妆新品。

为了确保直播内容的丰富性与吸引力，小玲对选品环节进行了精心的策划与准备。她深知，选品不仅关乎直播的观看体验，更直接关系到粉丝们的购买意愿与直播的带货效果。因此，她针对此次直播的选品，制定了详细的选品需求与标准。

在商品类型方面，小玲主要聚焦于夏季热销的美妆产品，如防晒霜、轻薄的底妆产品、适合夏季使用的彩妆等。她希望通过这些产品，帮助粉丝们轻松打造清爽、自然的夏季妆容。

在品牌方面，小玲倾向于选择那些知名度高、口碑好的品牌。她认为，这些品牌的产品通常具有较高的品质保证，能够满足粉丝们对于美妆产品的需求与期待。

在价格区间方面，小玲考虑到了不同粉丝的购买能力与消费习惯，她选择了覆盖高、中、低三个价位的产品。这样一来，无论是追求性价比的粉丝，还是愿意为高品质产品买单的粉丝，都能在直播中找到适合自己的美妆新品。

至于目标受众，小玲明确地将年轻女性作为此次直播的主要受众群体。她深知年轻女性对美妆产品的需求量大、消费能力强，且对于新品有着较高的关注度与购买意愿。

基于以上选品需求与标准，小玲精心准备了一份初步的选品清单。

这份清单中包含了多个品牌、多种类型的美妆新品，且价格区间广泛，能够满足不同粉丝的需求。在直播前，小玲还将对这些产品进行深入的了解与试用，确保在直播中能够向粉丝们准确、生动地介绍产品的特点与优势。

2. 使用文心一言助力选品

在选品过程中，小玲使用文心一言对选品进行辅助分析，包括市场趋势分析、商品筛选与对比、用户评价与反馈分析等。

- 市场趋势分析：首先对夏季美妆市场趋势进行分析。在文心一言中输入相关的关键词和查询条件，通过分析大量的市场数据和用户反馈，得到关于夏季美妆市场的热门产品、流行趋势、消费者偏好等方面的信息。这些信息帮助小玲了解了市场的整体情况和潜在需求。

> 提问：
> 请对2023年夏季美妆市场趋势进行分析。

> 回答：
> 2023年夏季美妆市场的趋势可以从多个维度进行分析，以下是一些关键的趋势。
> 市场规模的扩大：随着经济的发展和人们生活水平的提高，消费者对美妆产品的需求持续增长。尤其是在新兴市场如中国和印度，美妆行业增长势头强劲，市场规模将继续扩大。
> 个性化与定制化需求的增长：消费者对个性化与定制化的需求逐渐增加，他们希望能够根据自身的肤质、肤色、喜好等因素，选择适合自己的美妆产品。品牌纷纷推出定制化服务，以满足消费者的个性化需求。
> 天然与有机成分的受欢迎程度上升：越来越多的消费者开始关注产品的成分安全性和环境友好性。因此，天然和有机成分的美妆产品受到越来越多消费者的青睐。品牌纷纷在产品研发中注重采用天然、环保的原料，以满足消费者的需求。
> 防晒与美白产品的热销：夏季是防晒和美白产品的销售旺季。消费者对于防晒和美白的需求旺盛；品牌也推出了一系列针对夏季肌肤问题的产品，

如轻薄透气的防晒霜、具有美白效果的面膜等。

线上渠道的崛起：线上平台成为美妆产品销售的重要渠道。消费者通过电商平台、社交媒体等线上平台了解、购买和分享美妆产品，为品牌提供了更广阔的市场空间。品牌也加大了线上营销的投入，通过直播带货、社交媒体营销等方式吸引消费者。

技术创新与绿色环保的推动：在科技创新的推动下，美妆行业涌现出许多创新产品和服务，如智能化护肤技术、环保包装等。同时，品牌也积极推行绿色环保生产，推动美妆行业的可持续发展。

综上所述，2023年夏季美妆市场呈现出市场规模扩大、个性化与定制化需求增长、天然与有机成分受欢迎、防晒与美白产品热销、线上渠道崛起及技术创新与绿色环保推动等趋势。品牌需要紧跟市场变化，不断创新和优化产品，以满足消费者的需求和期望。

- 商品筛选与对比：在了解了市场趋势后，小玲使用文心一言对初步选品清单中的商品进行筛选和对比。她输入了商品的相关信息，包括品牌、价格、成分、功效等。这里以曼秀雷敦和怡思丁的防晒产品为例进行对比。

🔊 提问：

请对比曼秀雷敦与怡思丁防晒霜的品牌、价格、成分、功效。

🅰 回答：

曼秀雷敦与怡思丁防晒霜在品牌、价格、成分及功效等方面都存在一定的差异，下面我将逐一进行比较分析。

首先，从品牌角度来看，曼秀雷敦是一个历史悠久的品牌，以其多元化的产品线和高品质的产品赢得了广大消费者的信任。怡思丁则是一个专注于防晒领域的品牌，以其高效且温和的防晒产品而受到消费者的喜爱。

在价格方面，曼秀雷敦防晒霜的价格相对亲民，适合大众消费者。怡思丁防晒霜的价格则稍高一些，但其出色的防晒效果和舒适的使用体验也让它拥有了一定的市场。

接下来是成分方面的对比。曼秀雷敦防晒霜通常含有物理防晒和化学防晒成分，能够有效地阻挡紫外线的侵害。怡思丁防晒霜则注重采用温和的防晒成分，同时添加了一些保湿和抗氧化成分，有助于保护皮肤免受外界环境的伤害。

最后是功效方面的对比。曼秀雷敦防晒霜能够提供良好的防晒效果，防止晒伤和晒黑，适合日常使用。怡思丁防晒霜则更加注重保护皮肤免受紫外线导致的老化问题，同时能够舒缓皮肤，适合敏感肌肤和需要长时间户外活动的人群。

综上所述，曼秀雷敦与怡思丁防晒霜在品牌、价格、成分和功效方面各有特点。消费者可以根据自己的肤质、需求和预算来选择适合自己的产品。无论是曼秀雷敦还是怡思丁，都应注意正确使用和补涂，以确保防晒效果的最大化。

为了进一步筛选产品，小玲要求文心一言推荐一款更具市场潜力和竞争力的商品，并提供详细的对比分析报告。

> 提问：
> 哪款产品更适合直播间带货？

> 回答：
> 曼秀雷敦和怡思丁的防晒霜在直播间带货的适宜性上各有优势，但考虑到直播间带货的特点和受众需求，怡思丁防晒霜可能更适合直播间带货。
> 第一，怡思丁防晒霜具有独特的品牌定位和产品特点。它强调天然、环保的护肤理念，并且通常含有温和的防晒成分，适合各种肤质使用。这些特点可以吸引那些注重产品品质、追求健康护肤的消费者，而这些消费者正是直播间带货的重要目标群体。
> 第二，直播间带货通常注重产品的展示和互动。怡思丁防晒霜的质地、颜色、使用效果等都可以通过直播镜头进行清晰的展示，同时主播可以详细介绍产品的成分、功效和使用方法，与观众进行实时互动。这种互动性和展示性有助于提升观众的购买意愿和信任度。
> 此外，怡思丁防晒霜在市场上也具有一定的知名度和口碑，这为直播间带货提供了良好的市场基础。消费者在购买前往往会对产品进行一定的了解

和比较,而怡思丁的品牌影响力可以为其在直播间中赢得更多的信任和认可。

然而,曼秀雷敦防晒霜也有其市场优势,特别是在价格亲民和产品线丰富方面。在直播间中,主播可以根据不同消费者的需求推荐适合的产品,从而满足不同层次的消费者。

综上所述,虽然曼秀雷敦和怡思丁的防晒霜都有直播间带货的潜力,但考虑到品牌定位、产品特点及直播间带货的特点,怡思丁防晒霜可能更适合直播间带货。不过,具体选择还需根据直播间的目标受众、主播风格及市场需求等因素进行综合考虑。

- 用户评价与反馈分析:为了更全面地了解商品的情况,小玲还利用文心一言搜索了用户对这些商品的评价和反馈。她输入了商品的名称和链接,文心一言便返回了大量的用户评价和讨论内容。小玲通过阅读这些评价和反馈,进一步了解了商品的优缺点及用户的真实需求,为最终的选品决策提供了重要的参考。

> **提问:**
> 请分别介绍曼秀雷敦与怡思丁防晒霜的用户评价。

回答:

曼秀雷敦与怡思丁的防晒霜在市场上都享有相当高的声誉,并各自拥有一批忠实的用户。以下是关于这两款防晒霜的用户评价情况的介绍。

曼秀雷敦防晒霜的用户评价普遍较为积极。用户称赞其防晒效果出色,能够有效地抵御紫外线的侵害,防止晒伤和晒黑。同时,曼秀雷敦防晒霜的质地清爽,不油腻,易于涂抹和吸收,因此受到很多用户的喜爱。此外,一些用户还提到曼秀雷敦防晒霜的性价比很高,价格亲民,适合日常使用。

然而,也有部分用户对曼秀雷敦防晒霜提出了一些改进意见。有些用户认为其防水性能不够理想,在出汗或接触水后需要频繁补涂。还有一些用户提到某些产品可能含有刺激性成分,对于肌肤敏感的用户来说可能不太适合。

怡思丁防晒霜同样受到了用户的广泛好评。用户普遍称赞其防晒效果强且持久,能够提供长时间的防护。怡思丁防晒霜的温和性也备受赞誉,无论是敏感肌肤还是油性肌肤的用户都能找到适合自己的产品。此外,怡思丁防晒霜的质地轻盈，易于推开，不会给皮肤带来负担，这也是其受到用户喜爱的原因之一。

当然，也有一些用户对怡思丁防晒霜提出了一些建议。有些用户希望产品的保湿性能能够进一步提升，以满足干燥肌肤的需求。还有一些用户提到其价格相对较高，希望品牌能够推出更多价格亲民的产品以供选择。

综上所述，曼秀雷敦与怡思丁的防晒霜在用户评价方面都有各自的优势和特点，用户可以根据自己的肤质、需求和预算来做出最适合自己的选择。同时，也建议用户在使用新产品前先进行皮肤测试，以确保不会引起不适或过敏反应。

3. 确定选品并准备直播

经过文心一言的辅助选品，小玲最终确定了若干款夏季新品作为直播推荐的商品。这些商品不仅符合她的选品需求，而且具有较高的市场认可度和用户满意度。接下来，小玲开始准备直播的相关内容，包括撰写直播脚本、设计展示方案、准备互动环节等。她还利用文心一言提供的信息，对商品进行了深入的了解和体验，以便在直播中能够更准确地介绍和推荐商品。

4. 直播实施与效果评估

直播当天，小玲按照准备好的脚本和方案，逐一介绍了推荐的夏季新品。她结合文心一言提供的市场趋势和用户反馈，详细阐述了商品的特点和优势，吸引了大量观众的关注和互动。直播结束后，小玲对直播效果进行了评估，发现销售额和观众满意度均有所提升。她认为，使用文心一言辅助选品不仅提高了选品的效率和准确性，还增强了直播的针对性和吸引力。

通过这个案例，我们可以看到文心一言在直播选品过程中的重要作用。它能够帮助主播快速了解市场趋势和用户需求，提供精准的商品推荐和对比分析，从而提高选品的效率和成功率。随着人工智能技术的不断发展，相信文心一言未来将在直播电商领域发挥更大的作用。

【点拨】使用 AI 选品常用的提示词

在使用 AI 进行选品时，可以运用一些提示词或关键词来引导 AI 模型更加精准地为你推荐适合的产品。以下是一些常用的提示词，可以根据你的具体需求进行调整和优化。

- 高品质：如果你希望 AI 推荐高品质的产品，可以使用"高品质""优质"等关键词。
- 热门畅销：如果你希望了解当前市场上最热门或最畅销的产品，可以使用"热门""畅销""流行"等关键词。
- 价格合理：如果你对价格敏感，并希望 AI 推荐价格合理的产品，可以使用"价格合理""性价比高"等关键词。
- 用户评价好：如果你希望选择用户评价好的产品，可以使用"好评如潮""用户评价高"等关键词。
- 创新设计：如果你对产品的设计感兴趣，并希望 AI 推荐具有创新设计的产品，可以使用"创新设计""独特外观"等关键词。
- 品牌知名度：如果你更倾向于购买知名品牌的产品，可以使用"知名品牌""品牌知名度高"等关键词。
- 环保可持续：如果你关注环保和可持续发展，可以使用"环保""可持续""绿色"等关键词。
- 适合特定场合：如果你需要为特定场合或用途选择产品，可以使用"适合办公""适合旅行""适合运动"等关键词。
- 个性化推荐：如果你希望 AI 根据你的个人喜好或需求进行个性化推荐，可以使用"个性化推荐""定制推荐"等关键词。
- 专业推荐：如果你希望 AI 基于专业知识或行业趋势进行推荐，可以使用"专业推荐""行业趋势"等关键词。

在使用这些提示词时，记得要根据你的具体需求和上下文进行调整，以便让 AI 模型更好地理解你的意图并提供准确的推荐。同时，你也可以尝试组合使用多个关键词，以获得更精确和全面的推荐结果。

假设你正在经营一个家居用品的直播间，并希望 AI 为你推荐一款受欢迎的、环保可持续的灯具。你可以使用以下提示词来引导AI模型进行推荐。

"请为我推荐一款受欢迎的、环保可持续的灯具,要求它具有创新设计,价格合理,并且用户评价好。请确保这款灯具是知名品牌的,并适合在家庭环境中使用。"

基于这些提示词,AI模型可能会为你推荐一款符合以下条件的灯具。

- 该灯具由知名品牌制造,具有良好的品牌知名度和口碑。
- 它采用环保可持续的材料和设计,符合现代家居的环保理念。
- 灯具的设计独特且创新,能够吸引消费者的眼球。
- 价格相对合理,符合大多数消费者的预算要求。
- 用户评价普遍较好。

通过将这些提示词组合起来,可以让AI模型更加精准地为你推荐符合你需求的产品。

第 5 章
AI 直播带货话术设计

在 AI 直播带货日益盛行的今天，话术设计成为提升直播效果和销售转化率的关键。本章将深入探讨 AI 直播带货话术设计的核心要素与策略，帮助读者掌握如何通过精准、高效的话术，引导观众兴趣，激发观众购买欲望。

通过本章的学习，你将了解到 AI 技术在直播带货话术设计中的应用，以及如何基于观众行为和兴趣数据，制定个性化、数据驱动的话术策略。你将学会如何结合产品特点、市场需求和观众心理，打造吸引人的直播话术，提升直播间的互动氛围和观众参与度。同时，本章还将分享成功的 AI 直播带货话术案例，提炼优秀元素，为你在实际操作中提供灵感和借鉴。

不仅如此，本章还将探讨话术设计的伦理与规范，确保在追求销售效果的同时，保持对观众的真诚、诚信态度。通过本章的学习，你将能够运用 AI 技术打造出既符合市场需求，又能够赢得观众信任的直播带货话术，为直播带货事业注入新的活力。

5.1 直播带货话术概述

有效的直播话术能够提高直播的互动性、观看率和转化率。在设计

AI带货话术之前,先来了解直播带货话术的概念、作用及特点。

5.1.1 直播带货话术的概念与作用

简单来说,直播带货话术就是主播在直播过程中使用的一套话语技巧,这套技巧用于调动直播间的氛围,激发观众的购买欲望,并最终促成交易。直播带货话术的主要作用包括图5-1所示的几点。

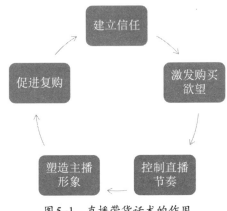

图 5-1 直播带货话术的作用

- 建立信任:通过专业、真诚、有感染力的话语,主播能够与观众建立起信任关系。这种信任关系能够让观众更愿意听取主播的产品推荐,从而增加购买的可能性。

- 激发购买欲望:直播带货话术往往包含对产品的详细描述、优点强调及使用效果的展示,这些都能够激发观众的购买欲望。同时,主播还会通过一些促销手段,如限时折扣、买一赠一等,来进一步刺激观众的购买行为。

- 控制直播节奏:优秀的话术体系能够帮助主播更好地控制直播节奏,使整个直播过程更加流畅、有序。这不仅能够提高观众的观看体验,还能够更好地展示产品,提高转化率。

- 塑造主播形象:直播带货话术也是主播塑造个人形象的重要手段。通过独特的话语风格和表达方式,主播能够塑造出独特的个人形象,从而吸引更多粉丝的关注和支持。

- 促进复购:通过话术引导观众建立对主播和产品的信任,当这种信任达到一定程度时,观众就可能变成核心粉丝,从而产生持续的购买行为,即复购。

5.1.2 AI直播带货话术的特点

AI直播带货话术具有数据驱动、高度自动化、灵活性、实时优化和情感表达等特点，如图5-2所示。这些特点使AI直播带货话术能够更好地适应市场需求和消费者心理，提高直播带货的效果和转化率。

图5-2 AI直播带货话术的特点

● 数据驱动：AI直播带货话术是基于大量数据分析和机器学习算法生成的。通过对消费者行为、购买历史、兴趣偏好等数据的挖掘和分析，AI能够精准地识别消费者的需求和兴趣，从而生成更加个性化和有针对性的话术。

● 高度自动化：AI直播带货话术能够实现高度自动化，减少人工干预和人力成本。AI系统可以自主识别产品特点、卖点，以及消费者的反馈和需求，并自动调整话术内容和表达方式，确保直播过程的流畅和高效。

● 灵活性：AI直播带货话术能够适应不同的直播场景和产品类型。无论是服装、美妆、家居用品还是数码产品，AI都能够根据产品的特点和目标受众的需求生成相应的话术，从而满足不同消费者的购买心理。

● 实时优化：AI直播带货话术具备实时优化的能力。在直播过程中，AI系统可以实时监测消费者的反馈和行为，并根据数据反馈调整话术内容和表达方式，以提高转化率和用户满意度。

● 情感表达：虽然AI直播带货话术是由机器生成的，但通过先进的自然语言处理技术和情感分析算法，AI能够模拟人类的情感表达，使话术生动、自然和引人入胜。这有助于建立与消费者的情感连接，提高消费者的购买意愿和忠诚度。

真人主播与AI主播带货话术之间存在一些区别，如表5-1所示。

表5-1 真人主播与AI主播带货话术的区别

对比项	真人主播	AI主播
自然度与真实性	真人主播具有自然的表达方式和情感，能够根据现场情况灵活调整话术，更容易引起观众的共鸣	AI主播的话术通常是预编程的或由算法生成的，缺乏真人主播的自然度和即兴反应能力
互动性	真人主播可以实时响应观众的问题和反馈，提供即时的互动	AI主播的互动能力受限于其编程和算法的能力，虽然可以实现一定程度的交互，但不如真人主播的互动形式丰富和灵活
成本与效率	需要支付主播的费用，且直播时间受限于人力	一旦设置好，可以长时间运行，无须额外支付费用，长远来看更具成本效益
稳定性与可靠性	可能会因疲劳、情绪波动等因素而影响直播质量	表现更加稳定，不受个人因素的影响

由此可见，虽然AI主播的话术在自然度与真实性、互动性方面与真人主播略有差距，但在成本与效率、稳定性与可靠性方面有着明显优势。但无论是AI主播还是真人主播，他们的主要目标都是吸引观众、介绍产品、促进销售。

5.2 AI直播带货话术设计原则

在设计AI直播带货话术时，需要遵循图5-3所示的基本原则，这些原则旨在确保话术能够吸引观众、传达产品信息，并促进销售。

1. 清晰简洁

话术需要清晰明了，简洁易懂。避免使用复杂的句子结构和生僻词汇，确保观众能够迅速理解并做出反应。

例如："大家好，欢迎来到我们的直播间！今天我们要为大家推荐的是我们品牌的最新款智能手机。这款手机拥有高清大屏、超快处理器和超长续航，让您畅享无忧的移动生活！"

2. 自然流畅

AI数字人的语音听起来应该自然流畅，避免机械化的感觉。话术应该符合人类日常交流的习惯，使观众感觉到亲切感。

例如："大家好，我是你们的朋友小智。今天，我为大家带来了一款非常好用的厨房小工具——智能多功能搅拌器。这款搅拌器不仅外观时尚，而且功能强大，无论是打奶昔、榨果汁还是制作蛋糕，都能轻松搞定。"

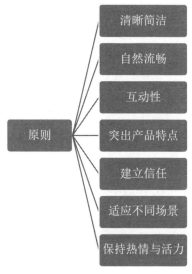

图5-3　AI直播带货话术设计原则

3. 互动性

直播带货的本质是与观众进行互动。话术设计应该鼓励观众参与，如提问、分享经验或表达意见。这可以通过使用引导性语句、开放式问题或互动游戏等方式实现。

例如："亲爱的观众朋友们，你们知道吗？这款护肤品是我们品牌的明星产品，很多用户都反馈使用后肌肤变得更加光滑细腻。你们想不想试试呢？快来留言告诉我们吧！"

4. 突出产品特点

话术应该突出所售产品的特点和优势，使观众对产品产生兴趣。同时，要避免夸大其词或过度承诺，以免损害品牌形象。

例如："大家好，欢迎来到我们的直播间。今天我为大家推荐的是一款智能手环，它不仅具备健康监测功能，还能实时显示消息通知和天气预报，是一款集时尚与实用于一身的好物！"

5. 建立信任

建立与观众的信任关系至关重要。话术应该传递出诚信、专业和可靠的形象，使观众愿意购买主播推荐的产品。

例如："亲爱的朋友们，我们品牌一直以来都致力于为消费者提供高品质的产品和服务。我们的产品都经过严格的质量检测和用户测试，确保为您提供最优质的购物体验。您可以放心购买我们推荐的商品。"

6. 适应不同场景

直播带货可能涉及不同的场景和主题，话术设计应该根据具体情况进行调整。例如，在推广新品时，可以强调创新性和独特性；在促销活动时，可以突出优惠力度和限时性。

7. 保持热情与活力

直播带货需要保持一定的节奏和氛围，话术设计应该充满热情和活力。通过使用积极的词汇、提高语速或加入一些幽默元素，可以激发观众的购买欲望。

例如："大家好，欢迎来到直播间！今天我们要为大家带来一场充满激情的运动装备直播！这款运动鞋采用最新科技材料制成，既轻便又舒适，非常适合户外运动。穿上它，让我们一起感受运动的快乐吧！"

话术设计需要进行测试和优化。通过收集观众反馈、分析销售数据和调整话术策略，可以不断提高直播带货的效果。遵循这些原则，可以设计出既吸引观众又促进销售的有效话术。

5.3 AI直播带货话术模板设计

直播带货话术模板是为了帮助主播在直播过程中更有效地吸引观众、介绍产品、激发观众购买欲望并提升销售效果而制定的一套规范化、可重复使用的语言表达框架。一个好的话术模板能够确保主播在直播中保持流畅、自然和有条理地表达,同时增强观众的信任感。在设计AI直播话术时,应重点关注图5-4所示的六大话术的设计。

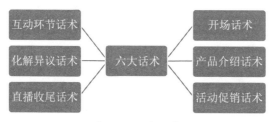

图5-4 六大话术

5.3.1 开场话术:吸引观众并建立连接

直播开场话术指的是主播在开始直播时使用的一系列话语和表达,旨在吸引观众的注意力,激发观众的兴趣,并为整场直播奠定基调,其重要性不容忽视。

主播在组织开场话术时,可以遵循表5-2所示的几个步骤,以确保话术流畅、有吸引力并且能够达到与观众建立连接的目的。

表5-2 组织开场话术应遵守的步骤

直播开场步骤	目的	内容
第一步:开场问候与感谢	向观众展示你的友好和热情,让他们感到被欢迎	先使用简单、真诚的问候语。 例如:"大家好!欢迎来到我的直播间!" 再感谢他们参与直播。 例如:"感谢你们抽出宝贵的时间来陪我。"

续表

直播开场步骤	目的	内容
第二步：自我介绍与直播背景	帮助观众了解你是谁，以及为什么他们应该关注你的直播	简短介绍自己的身份、专业领域或特长，以及今天的直播主题或目的。例如："我是×××，专注于×××领域。今天我将和大家分享关于×××的有趣内容。"
第三步：吸引观众兴趣	立刻抓住观众的注意力，让他们对接下来的内容充满期待	使用引人入胜的故事、有趣的事实、相关的热门话题或悬念来吸引观众。例如："你们知道吗，最近×××话题非常热门，而我今天就要为大家揭秘背后的真相！"
第四步：直播内容预览	让观众了解接下来将会讨论什么，这样他们可以更好地决定是否要继续观看	简要概述今天的直播内容，包括主要话题、讨论点或展示的产品及服务。例如："在今天的直播中，我们将会聊到×××、×××和×××，希望这些内容对大家有所帮助。"
第五步：互动邀请	鼓励观众参与直播，增强他们的参与感和归属感	邀请观众提问、分享经验或参与讨论。例如："如果大家在直播过程中有任何疑问或想法，请随时在弹幕中告诉我，我们可以一起探讨。"
第六步：情感连接与结束语	与观众建立情感联系，让他们感到与你的直播有共鸣	用真诚的话语表达你对观众的感激和期待。例如："再次感谢大家的参与和支持，希望今天的直播能给大家带来价值。让我们开始吧！"

设计一个好的开场话术需要综合考虑多个因素，比如简洁明了、热情友好、引发好奇、明确主题等。

- 简洁明了：开场话术应该简洁明了，避免冗长和复杂的语句。观众进入直播间后，需要迅速了解主播的意图和直播的主题。因此，话术应该直接切入主题，避免过多的铺垫和绕弯子。
- 热情友好：开场话术应该充满热情和友好，营造出一个积极、轻松的氛围。主播可以用一些亲切的问候语，如"大家好，欢迎来到我的直播间！"或"晚上好，感谢大家的陪伴！"等，来拉近与观众的距离。
- 引发好奇：开场话术可以适当地引发观众的好奇心，让他们对接下来的直播内容产生兴趣。主播可以通过提及有趣的话题、分享吸引人的故事或展示亮眼的物品来引起观众的注意。
- 明确主题：在开场话术中，主播应该明确直播的主题或目的，让观众对整场直播有一个大致的预期。这有助于观众更好地理解直播内容，并决定是否继续观看。
- 适应观众：开场话术应该考虑到观众的需求和兴趣。主播可以通过分析观众的喜好、年龄、性别等因素，来制定更加贴近观众需求的开场话术，从而提高观众的参与度和留存率。
- 保持真实：开场话术应该保持真实和真诚，避免过度夸大或虚假宣传。观众更喜欢与真实、可信的主播互动，因此主播应该注重与观众的沟通和互动，建立起真实、可信的关系。

通过不断地尝试和改进，主播可以逐渐掌握一套适合自己的开场话术，提高直播的吸引力和观众的参与度。

以一个美食直播间为例，AI直播开场话术模板如下。

大家好，欢迎来到［直播间名称］，我是你们的美食探索家［主播名字］！今天，我要带大家走进美食的奇妙世界，一起品味那些令人垂涎欲滴、回味无穷的佳肴。

首先，非常感谢大家抽出宝贵的时间来陪伴我，你们的支持和热情是我不断探索美食的动力源泉。在这个充满诱惑和惊喜的美食世界里，我希望能与大家一同分享美食的快乐和魅力。

在今天的直播中，我为大家准备了［具体的美食内容或主题］，从家常小炒到高级料理，从甜品小吃到饮品，应有尽有。我们会一起探讨美食的制作技巧、品尝心得及背后的文化故事。

除了美食的介绍和分享，我还会邀请专业厨师或美食达人来直播间，与大家进行互动和交流。我们会有烹饪教学、菜品品尝、问答环节等精彩内容，让大家在享受美食的同时，也能学到更多关于美食的知识和技巧。

最后，再次感谢大家的支持和参与，让我们一起开启一场味蕾的奇妙之旅吧！期待与大家在直播间相聚，共同感受美食的美好！

这个模板可以根据具体的直播内容和主题进行适当的调整和扩展。比如根据自己的风格和观众的喜好，加入一些个性化的元素和互动环节，让开场话术更加生动有趣，吸引观众的注意。同时，也可以根据直播的实际情况，灵活调整话术的内容和顺序，以达到最佳的效果。

5.3.2　产品介绍话术：突出产品优势与价值

产品介绍话术是指在销售或推广产品时，所使用的一系列描述、说明和推荐的话语和表达方式。其主要目的是向潜在客户或消费者传达产品的特点、优势、价值和使用方法等信息，以激发他们的购买欲望并促进销售。产品介绍是直播销售的核心环节，直接影响着观众的购买决策和整体销售效果。一个优秀的产品介绍话术应该具备如下几个特点。

- 传递产品价值：产品介绍话术能够清晰地传递产品的价值、特点和优势，帮助观众更好地了解产品的卖点和与众不同之处。通过详细而吸引人的介绍，主播能够说服观众相信产品的价值，从而激发他们的购买欲望。

- 建立信任感：在直播中，主播通过诚实、专业且富有说服力的产品介绍，能够树立自己的信誉，赢得观众的信任。这种信任感有助于观众对产品产生好感，并愿意进行购买。

- 激发购买欲望：一个优秀的产品介绍话术能够激发观众的购买欲望。通过描绘产品的使用场景、展示产品的实际效果、分享用户的使用心得等方式，主播能够营造出一种强烈的购买氛围，让观众感受到产品的吸引力,从而促使他们做出购买决策。

在设计产品介绍话术时,应重点考虑表5-3所示的几个要点。

表5-3 产品介绍话术的设计要点

要点	具体内容
了解客户需求	• 在设计话术之前,首先要深入了解目标受众,包括他们的需求、痛点、期望和购买行为 • 明确如何解决他们的具体问题或满足他们的特定需求
突出产品优势	• 强调产品的独特之处和相对于竞争对手的优势 • 使用具体的数据、案例研究或客户反馈来支持自己的说法
清晰简洁	• 避免使用复杂的术语或冗长的句子,用简单明了的语言解释产品功能和优势 • 保持话术的精练和高效,避免让客户感到困惑或失去兴趣
故事化叙述	• 使用故事化的叙述方式,将产品融入客户的日常生活场景中 • 通过讲述产品如何帮助用户解决问题或改善他们的生活,激发客户的情感共鸣
展示产品价值	• 强调产品如何为客户创造价值,而不仅仅是描述产品功能 • 突出产品如何节省时间、提高效率、增加收入或提升生活品质
提供证明	提供客户评价、奖项、行业认证或其他形式的证明来支持自己的说法,这些证明可以增加客户对产品的信任感
制造紧迫感	利用限时优惠、特价促销或数量有限等方式制造购买的紧迫感。这有利于激发客户的购买欲望,促使他们迅速做出决定
提供清晰的购买指南	确保在话术的最后部分提供明确的购买指南,包括购买链接、价格信息、支付方式等。这有助于降低客户的购买门槛,提高转化率

以一款天津麻花为例,AI直播产品介绍话术模板如下。

大家好,欢迎来到今天的直播间!我是你们的人工智能主播,今天将为大家带来一款具有浓郁天津风味的传统小吃——天津麻花。

1.产品背景介绍

天津麻花作为中国的非物质文化遗产,历史悠久,以其独特的制作工艺和香脆的口感而享誉全国。它承载着天津深厚的历史文化底蕴,每一根麻花都承载着匠人的心血和技艺。

2.产品特点与优势

传统工艺:天津麻花采用传统的制作工艺,选用优质的面粉和植物油,经过多次揉捏、发酵和炸制,呈现出独特的麻花形状和香脆的口感。

独特风味:天津麻花外皮金黄酥脆,内里松软香甜,口感层次丰富,让人回味无穷。

多种口味:除了经典的原味麻花外,还有芝麻、核桃、五香等多种口味可供选择,满足不同人群的口味需求。

健康营养:天津麻花选用优质食材,不含任何添加剂,富含蛋白质和碳水化合物,为身体提供所需的能量和营养。

3.适用场景与搭配建议

天津麻花适合作为休闲零食、下午茶点心或聚会小吃。您可以搭配一杯热茶或咖啡,享受悠闲的下午茶时光;也可以作为聚会时的小吃,与朋友们分享美食的快乐。

4.购买引导

现在购买天津麻花,我们将提供限时优惠活动,数量有限,先到先得哦!如果您也想品尝这款传统美味的天津麻花,请尽快点击直播间下方的购买链接,开启您的美食之旅!

5.3.3 活动促销话术:刺激购买与参与

直播间活动促销话术是指在直播过程中,主播为吸引观众参与活动、提高销售转化率而使用的一系列话语和表达方式。其主要目的是激发观众的购买欲望,促使他们积极参与直播间的活动,并最终促成交易。无论哪种类型的直播间,想获得更高的人气和流量,必须有一些活动加持。活动促销话术的重要作用主要体现在以下几个方面。

- 引起注意和兴趣：精心设计的促销话术能够有效吸引观众的注意力，激发他们对产品的兴趣。通过引人入胜的描述和诱人的优惠信息，观众可以快速了解活动的亮点，从而增加参与的可能性。
- 制造紧迫感：利用时间限制、数量有限等话术可以营造出一种紧迫的购物氛围。这种氛围能够激发观众的购买欲望，促使他们尽快下单，从而提高销售转化率。
- 提升销售效果：通过巧妙运用促销话术，主播可以引导观众关注特定的产品或服务，推动他们进行更多的消费。同时，还可以强调产品的独特价值和优惠力度，进一步增加观众的购买意愿和购买金额。
- 增强品牌认知度和忠诚度：通过不断强调品牌理念和特色，促销话术可以提升观众对品牌的认知度和忠诚度。当观众对品牌产生认同感和好感时，他们更可能成为忠实客户，为品牌带来持续的收益。

直播间活动促销话术的设计要点主要围绕如何吸引观众的注意力、激发他们的购买欲望，同时营造活跃、有趣的直播氛围。直播间活动促销话术通常包括以下几个方面。

- 清晰介绍活动：简洁明了地介绍活动的主题、时间、优惠内容等关键信息。
- 展示产品：详细介绍产品的特点、功能和优势，让观众对产品有全面的了解。使用生动的语言和形象的比喻，帮助观众更好地理解产品。
- 互动：设计互动环节，如提问、抽奖、投票等，鼓励观众积极参与。及时回应观众的评论和问题，增强他们的参与感和归属感。
- 制造购买动力：强调产品的价值，说明为何现在购买是最佳时机。使用限时优惠、数量有限等策略，制造购买的紧迫感。
- 分享使用体验：分享真实的使用体验、客户评价或案例故事，增强产品的可信度。展示产品在实际生活中的应用场景，激发观众的购买欲望。
- 呼吁购买：在直播的高潮部分，明确呼吁观众购买，并解释购买的好处。提供清晰的购买指导，如链接、步骤等，方便观众快速下单。

一个成功的直播间活动促销话术需要具备吸引力、说服力和互动性。主播需要运用生动的语言、具体的例子和有力的数据支持，来增强话术的说服力。同时，还需要根据观众的反应和需求，灵活调整话术策略，以确保活动能够达到预期的效果。这里以女鞋为例设计的活动促销话术模板如下。

（1）直播开场（热情、亲切）：大家好，欢迎来到我们的鞋子直播间！我是×××，今天非常荣幸能和大家一起分享我们品牌的最新款时尚女鞋。感谢每一位进来的朋友，你们的支持是我最大的动力！今天不仅有好鞋推荐，还有超多的惊喜等着大家哦！

（2）产品介绍（详细、生动）：首先，我要给大家展示的是这款名为"璀璨星辰"的女鞋。它的设计灵感来源于夜空中的星辰，采用了高级的小牛皮材质，触感柔软舒适。鞋面上的亮片装饰就像繁星点点，非常符合我们现代女性的优雅与时尚气质。鞋底则采用防滑耐磨的材质，保证大家穿着既安全又舒适。

（3）优惠促销（限时、紧迫）：好消息来啦！为了让大家能尽快体验到这款美鞋，我们特别推出了限时优惠活动！从现在开始到22点，购买"璀璨星辰"女鞋的朋友，都可以享受到8折的优惠！而且前50名购买的观众，还将获得价值100元的精美礼品一份！数量有限，手快有，手慢无哦！

（4）互动参与（调动观众积极性）：大家是不是已经被这款女鞋深深吸引了呢？快来弹幕区留言互动吧！告诉我你们最喜欢这款鞋的哪个部分，或者你们平常最喜欢穿什么样的鞋子。我会实时为大家解答和回复。同时，我们还会根据大家的互动情况，不定期送出小礼品哦！比如，点赞最多的前10位朋友，都将获得优惠券一张！

（5）客户见证（增加信任度）：我们的鞋子已经得到了很多客户的认可和好评。比如，来自上海的张小姐说："璀璨星辰这款鞋子真的太好看了，穿上它感觉自己就像走在红毯上一样！"像这样的好评还有很多很多，大家可以放心购买哦。

(6)购买指导(简单明了):想要购买的朋友,可以点击屏幕下方的购买链接,直接下单购买。如果有任何疑问,我们的客服团队会在线为大家解答。另外,我要提醒大家,库存有限,先下单先发货哦!

这个话术示例针对某一具体产品(时尚女鞋)进行了详细的介绍和促销,同时加入了互动环节和客户见证,以增加观众的参与感和信任度。整个话术流程紧凑、有趣,旨在激发观众的购买欲望。

5.3.4 互动环节话术:增加直播间活跃度

直播间互动环节话术是指在直播过程中,主播为增加观众参与感、提高直播趣味性而设计的一系列话语和互动方式。其主要目的是通过与观众的实时互动,吸引观众参与、增强观众黏性、收集观众反馈、控制直播节奏、增加销售机会,同时建立信任感、提高销售转化率等。

- 吸引观众参与:精心设计的互动话术可以吸引观众积极参与直播,增加观众的参与度和互动性。
- 增强观众黏性:通过互动环节,主播可以与观众建立更紧密的联系,增强观众对直播内容的兴趣和黏性。
- 收集观众反馈:互动环节是收集观众反馈的重要途径,主播可以通过互动了解观众的需求、意见和建议,从而优化直播内容和产品。
- 控制直播节奏:合理的互动话术设计可以帮助主播控制直播的节奏,确保信息的有效传递。
- 增加销售机会:通过互动环节,主播可以向观众推荐产品或服务,提供更多的销售机会。
- 建立信任感:真实可信的互动话术有助于建立观众对品牌和产品的信任感。
- 提高销售转化率:通过引导观众参与互动,主播可以激发他们的购买欲望,促使他们下单购买。

要设计出互动感强的话术,需要注重观众的参与和体验,通过提问、回答、反馈、共鸣、悬念和惊喜等方式，与观众建立紧密的联系，激发他们的参与欲望和购买意愿。要设计出互动感强的话术，可以考虑以下几个方面。

- 提问与回答：通过向观众提出问题，引发他们的思考和回答。这种互动方式可以让观众感到被关注，同时也能增加直播的趣味性。例如，可以询问观众对产品的看法、使用经验等，并鼓励他们积极回复。

- 让观众参与决策：让观众参与到决策过程中，让他们感到更加投入和有参与感。例如，在直播中展示多款产品时，可以询问观众更喜欢哪一款，并根据他们的反馈进行介绍和推荐。

- 实时反馈：及时回应观众的评论和问题，让他们感受到被重视和关注。这不仅可以增加观众的参与感，还能建立信任关系，提高观众对品牌的认知度。

- 创造共鸣：通过讲述与观众相关的故事、分享经验或表达共同的情感，与观众建立情感共鸣。这种共鸣可以让观众更加投入和信任主播，从而增加他们的参与度和购买意愿。

- 制造悬念与惊喜：在直播中制造悬念和惊喜，引发观众的好奇心和期待感。例如，可以预告即将推出的新品、限时优惠等，让观众保持关注和期待。

- 利用互动功能：充分利用直播平台的互动功能，如弹幕、点赞、送礼等，与观众进行互动。这些功能可以让观众更加积极地参与到直播中来，提高直播的互动性和趣味性。

以一款电脑配件为例，直播间互动环节话术模板如下。

- 互动提问：大家好，我现在手里拿的这款电脑配件，你们猜猜看，它的主要功能是什么？快来弹幕区留言，看看谁能猜中！

- 观众分享：我知道有很多电脑爱好者在直播间，你们平时使用电脑时，有没有遇到过散热问题导致的性能下降？请在弹幕区分享你的经历，我们可以一起探讨解决方案。

- 互动投票：现在，我想请大家参与一个投票。请在弹幕区投票选择，你认为对于电脑性能来说，散热、处理器速度和内存容量哪个更重要？我们将根据大家的反馈，为大家带来更多有针对性的内容。
- 限时互动优惠：为了增加互动的乐趣，我们决定搞个小活动！接下来的五分钟内，只要在弹幕区留言并分享你的电脑使用心得，就有机会获得我们提供的优惠券一张，快来参与吧！
- 知识竞答：接下来，我们来进行一个小小的知识竞答。请问，电脑散热的主要目的是什么？请在弹幕区写下你的答案，答对的朋友将会获得神秘小礼品哦！
- 互动游戏：为了感谢大家的热情参与，我们来玩一个小游戏吧！请在弹幕区接龙，每人说一个与电脑配件相关的词汇，比如"散热器""内存条"等，看谁能接得最长。游戏开始！

通过这些互动环节话术的设置，不仅可以增加观众的参与度，还能在轻松愉快的氛围中加深他们对产品的了解和兴趣。同时，通过互动游戏和投票等活动，还能收集到观众的真实反馈和需求，为后续的直播内容提供参考。

5.3.5 化解异议话术：消除购买疑虑

直播间化解异议话术指的是在直播过程中，当观众提出疑问、质疑或反对意见时，主播所使用的一系列话语和表达方式。这种话术可以有效地解答观众的疑虑、消除误解，并恢复观众对直播内容的信任和兴趣。

直播间化解异议话术的重要性在于，它能够帮助主播及时应对观众的质疑和反对意见，避免观众流失和信任度下降。通过运用恰当的话术，主播可以消除观众的疑虑，增强他们对直播内容的信任感，从而保持观众的参与度和购买意愿。在直播过程中，对于主播介绍的商品或服务，观众通常会有一些疑虑，如图5-5所示。面对这些疑虑，主播可以通过化解异议话术来有效地消除观众的购买疑虑，增强他们对产品的信任感。

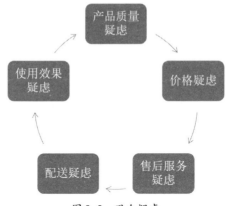

图 5-5 观众疑虑

针对观众疑虑所设置的化解异议话术模板如表 5-4 所示。

表 5-4 化解异议话术模板

观众疑虑	具体话术
产品质量疑虑	亲爱的观众朋友们,我完全理解你们对产品质量的担忧。我们品牌一直以来都坚持严格的质量控制标准,确保每一件产品都达到最高品质。这款电脑配件也是如此,它经过了多重质量检测和实验,确保在使用过程中能够提供稳定、高效的性能。我们对自己的产品充满信心,也相信它能满足大家的期望
价格疑虑	我知道大家可能会觉得这款电脑配件的价格稍高,但请相信,它的性能和质量绝对物超所值。我们采用了高品质的材料和先进的技术,确保产品的耐用性和稳定性。同时,我们也会不定期推出优惠活动,帮助大家更经济实惠地购买。请放心,我们的价格绝对是公平合理的,绝对值得你的投资
售后服务疑虑	关于售后服务,我们品牌一直非常重视客户的购物体验。我们承诺,对于任何产品质量问题或使用上的困难,我们都会提供及时、专业的解决方案。我们的客服团队随时待命,准备解答你的任何疑问。购买我们的产品,你不仅获得了一件高品质的商品,更获得了一份无忧的售后保障

续表

观众疑虑	具体话术
配送疑虑	关于配送问题,我们与多家知名物流公司合作,确保产品能够快速、安全地送达你手中。我们会实时跟踪物流信息,确保你在第一时间收到心仪的商品。同时,我们也提供灵活的配送方式,如指定时间配送、自提等,以满足你的个性化需求
使用效果疑虑	我理解大家可能担心电脑配件的使用效果。在这里,我可以向大家保证,我们的产品经过严格的测试和验证,能够在各种使用场景下表现出出色的性能。同时,我们也提供了详细的使用指南和教程,帮助你更好地使用这款产品。如果你在使用过程中遇到任何问题,我们的客服团队都会及时为你提供帮助

5.3.6 直播收尾话术:鼓励购买与再次关注

直播收尾话术指的是在直播结束之际,主播所使用的一系列话语和表达,旨在给观众留下深刻的印象、提高观众的互动、传递直播的主题,并引导观众进行后续的操作或互动。这些话术通常是经过精心设计和策划的,以确保能够有效地达到上述目的。

- 总结重点:直播收尾话术需要对本次直播的主题进行总结和回顾,帮助观众更好地理解和记忆直播内容。通过强调直播主题,可以提高观众的参与感和认同感,使他们对直播内容产生更深刻的印象。
- 留下深刻印象:直播收尾是观众对主播最后的印象,精心设计的收尾话术可以给观众留下深刻的印象,使直播内容更加难以忘怀。一个生动、精彩的直播收尾话术可以让观众在离开直播间之前记住主播,增加观众对主播的好感度,从而提高观众的回头率。
- 提供后续行动指引:收尾话术可以为观众提供明确的后续行动指引,如购买产品、关注社交媒体或参与活动等。同时,直播收尾话术是对观众的一种尊重,可以更好地引导流量。通过巧妙的话术,主播可以引导观众至特定的平台，如官方网址、自媒体账号平台或粉丝群等，从而增强观众与品牌之间的互动和联系。

- 增加互动性：收尾话术可以鼓励观众进行最后的互动，如提问、评论或分享直播内容。通过与观众的互动，不仅可以增加直播的趣味性，还能够建立主播与观众更亲密的关系，吸引更多观众参与。
- 拉近关系并产生信任：从用户第一次进入直播间开始，主播的话术就有助于将直播间和用户的关系从陌生变成熟悉，并使观众产生好感。随着时间的推移，观众可能会关注直播间、加入粉丝群，甚至产生购买行为。主播的话术技巧在这一过程中起着关键作用，有助于观众产生持续的信任，为未来的复购和建立高消费力粉丝群体奠定基础。

设计直播收尾话术时，可以考虑以下几个要点。

- 简洁明了：收尾话术应该简洁明了，不要过于冗长或复杂。简洁的话术更容易让观众记住，并且不会让观众感到厌烦。
- 感谢与回顾：在收尾话术中，表达对观众的感谢，并对直播内容进行简短的回顾。这可以加深观众对直播的印象，并增强他们的参与感。
- 强调产品或服务的优势：在收尾话术中，可以再次强调产品或服务的优势，突出其独特之处和价值。这可以激发观众的购买欲望，促使他们做出购买决策。
- 引导互动与参与：通过提问、邀请观众分享心得等方式，引导观众在直播结束前进行互动和参与。这可以增加观众的黏性，提高他们对直播的满意度。
- 预告下次直播：在收尾话术中，可以预告下次直播的时间、主题或嘉宾等信息，激发观众对下次直播的期待和兴趣。这有助于保持观众的持续关注度和活跃度。
- 提供购买指南与帮助：如果观众对购买产品或服务有疑问或需要帮助，可以在收尾话术中提供相关的购买指南和帮助信息。这可以增加观众的购买信心，提高购买转化率。
- 保持真诚与热情：最重要的是，收尾话术应该保持真诚与热情。真诚地感谢观众的支持和信任，热情地邀请他们再次参与直播或购买产品。

这种积极、正面的态度可以让观众感受到主播的热情和专业性，从而增加他们对品牌的认同感和忠诚度。

以一个美食直播间为例，收尾话术模板如下。

主播（手中拿着美食，眼神充满热情）："各位美食侦探们，随着最后一口美食的细细品味，我们的直播盛宴也即将落下帷幕。"

主播："首先要说，能够和大家分享美食、探讨烹饪技巧，真的是我最大的快乐。感谢大家的热情参与和宝贵意见。"

主播（微笑着）："今天的菜品，从选材到烹饪，每一个步骤都充满了匠心。希望大家能够喜欢，也期待大家在家中尝试制作，享受和家人朋友共享美食的美好时光。"

主播："对于还没来得及下单的朋友们，不要犹豫哦！我们推荐的食材和调料都是精心挑选的，品质有保障。而且，说不定下次直播我们还会带来更多惊喜和优惠呢！"

主播（眼神充满期待）："在接下来的日子里，我们会继续探索更多美食，分享给大家更多独特的烹饪技巧和美味佳肴。敬请期待我们的下一次直播，让我们一同品味生活的美好！"

主播（举起手中的美食）："最后，再次感谢大家的陪伴和支持。愿美食带给你们快乐，愿我们的生活更加美好。我们下次直播再见啦！大家晚安，好梦！"

5.4 利用 AI 优化直播带货话术策略

利用AI优化直播带货话术策略是指借助人工智能技术对直播带货过程中的话术进行智能分析和优化。AI可以通过分析观众行为、兴趣和反馈数据，为话术设计提供精准的数据支持。基于这些数据，AI可以实时调整话术内容，使其更加符合观众需求，提升直播效果和销售转化率。这种策略不仅提高了话术的针对性和个性化程度，还能使直播带货更加高效和智能化。

5.4.1 根据观众反馈,不断调整和优化话术

直播带货话术策略的优化是一个持续的过程,可以借助AI技术进行更高效的调整和优化。以下是基于AI优化直播带货话术策略的步骤和案例。

1. AI优化直播带货话术策略的步骤

AI优化直播带货话术策略的步骤如下。

第1步 数据收集与分析。首先,收集直播带货过程中的各种数据,包括观众的反馈、互动行为、购买转化率等。然后,利用AI技术对这些数据进行分析,找出话术中的优点和不足,以及观众的兴趣点和偏好。

第2步 话术优化建议。基于AI分析的结果,给出有针对性的话术优化建议。例如,可以优化产品描述、增加互动环节、调整语速语调等。这些建议应该以提高观众的参与度和购买转化率为目的。

第3步 实时调整话术。在直播带货过程中,可以根据观众的实时反馈对话术进行实时调整。例如,当观众对某个产品表现出浓厚兴趣时,可以适时增加对该产品的介绍和推荐。或当观众互动积极性下降时,可以调整话术以增加互动环节,提高观众的参与度。

第4步 迭代优化。直播带货话术策略的优化是一个迭代的过程。在每次直播后,都应该对本次直播的话术进行总结和评估,找出不足之处,并在下次直播中进行改进。同时,也要关注观众反馈和市场变化,不断调整和优化话术策略。

第5步 利用AI进行个性化推荐。AI技术可以用于个性化推荐,根据观众的兴趣和行为习惯,推荐适合他们的产品和话术。这可以提高观众的购物体验,同时增加他们的购买转化率。

总之,利用AI优化直播带货话术策略可以帮助主播更高效地与观众互动,提高购买转化率。然而,这也需要主播具备一定的数据分析和技术应用能力。未来,随着AI技术的不断发展,相信会有更多创新的应用场景出现,为直播带货行业带来更多的机遇和挑战。

2. AI调整和优化直播带货话术的案例

成功应用AI进行话术优化的案例如下。

田【案例一】智能弹幕分析

某电商平台使用AI技术对其直播带货平台的弹幕进行实时分析。通过分析观众的弹幕内容，AI可以识别出观众的兴趣点、疑惑和反馈。基于这些信息，平台会自动调整推荐算法，为观众推送更加相关的产品和话术，提高观众的参与度和购买转化率。

田【案例二】情感分析优化话术

一家时尚品牌利用AI情感分析技术，对直播过程中观众的情感反应进行实时监控。当观众表现出积极情感时，AI会推荐主播继续沿用当前话术；而当观众情感转为消极时，AI会提示主播调整话术，如增加互动、提供优惠券等，以重新激发观众的兴趣。

田【案例三】个性化话术推荐

一家美妆品牌在直播带货中利用AI技术提供个性化话术推荐。基于观众的购买历史、浏览行为和弹幕内容，AI会针对每个观众生成定制化的产品推荐和话术建议。这有助于主播更好地满足观众需求，提高购买转化率。

田【案例四】实时调整语速和音调

某科技公司在直播带货中使用了AI语音识别和合成技术。通过实时分析主播的语速和音调，AI能够识别出观众对语速的偏好，并自动调整主播的语音输出，使之更加符合观众的喜好。这种实时调整有助于提高观众的观看体验和购买意愿。

这些案例展示了AI在直播带货话术优化方面的潜力。随着AI技术的不断发展和完善，未来我们有望看到更多创新和有效的应用案例出现。

5.4.2 利用AI技术分析观众的行为和兴趣，为话术提供数据支持

利用AI技术分析观众的行为和兴趣，可以为直播带货话术提供宝贵

的数据支持。

1. 行为分析

AI技术可以通过分析观众在直播间的互动行为，如观看时长、点击率、购买行为等，来揭示观众的喜好和偏好。例如，如果观众在某一产品介绍环节停留时间较长，或者频繁点击某一商品链接，AI可以判断观众对该产品有较大的兴趣。

基于这些行为数据，主播可以在话术中增加对该产品的详细介绍和推荐，甚至提供专属优惠或限时抢购，以吸引更多观众购买。

2. 兴趣分析

AI技术还可以通过分析观众的弹幕内容、点赞和分享行为等，来挖掘观众的兴趣点和需求。例如，如果观众在弹幕中频繁提及某一话题或产品，或者点赞和分享某一内容较多，AI可以判断该话题或产品受到了观众的广泛关注。

基于这些兴趣数据，主播可以在话术中增加与观众兴趣点相关的话题和内容，以提高观众的参与度和互动率。同时，主播还可以根据观众的兴趣点推荐相似或相关的产品，提升购买转化率。

3. 个性化推荐

通过结合行为分析和兴趣分析，AI技术可以为每个观众提供个性化的产品推荐和话术建议。例如，对于对某一品牌或产品表现出浓厚兴趣的观众，AI可以推荐主播在话术中强调该品牌或产品的独特之处和优势；对于对某一话题或活动表现出较高参与度的观众，AI可以建议主播在话术中增加与该话题或活动相关的内容。

通过个性化推荐和话术建议，主播可以更加精准地满足观众需求，提高观众的购买转化率和整体满意度。

总之，利用AI技术分析观众的行为和兴趣，可以为直播带货话术提供有力的数据支持。通过深入了解观众的需求和偏好，主播可以更加精准地制定和调整话术策略，提高直播带货的效果和影响力。

⊞【案例】

假设一家美妆品牌在进行直播带货时，利用AI技术分析了观众的行为和兴趣。AI分析结果显示，观众在直播间对某一款新推出的粉底液表现出极大的兴趣，停留时间长，互动频繁。同时，AI还发现观众在弹幕中频繁提及"持久度"和"遮瑕力"这两个关键词。

基于这些数据支持，主播可以在话术中重点强调这款粉底液的持久度和遮瑕力，甚至可以进行现场试用和对比，以证明其效果。此外，主播还可以提供限时优惠或赠品，以吸引更多观众购买。

5.4.3 借鉴成功案例的话术设计，提炼优秀元素应用到自己的直播中

在直播带货领域，许多成功的案例为我们提供了宝贵的话术设计经验和优秀元素。通过借鉴这些案例，我们可以提升自己的直播效果，增加观众参与度和购买转化率。

1. 简洁明了的信息传递

特点：优秀的话术通常能够迅速传达信息，不拖泥带水。

成功案例：某服装品牌主播："大家好，今天给大家带来的是我们最新款的春季外套，简约时尚，百搭必备！"

借鉴应用：在自己的直播中，也可以采用简洁明了的语言介绍产品，突出核心卖点，让观众一目了然。

2. 接地气的表达方式

特点：使用观众熟悉的语言和表达方式，增加亲近感。

成功案例：某美食主播："这个蛋糕口感超级绵软，吃一口就像是站在云端一样，大家一定要试试看！"

借鉴应用：在直播中，使用观众容易理解的语言描述产品特点，增加观众的共鸣和购买欲望。

3. 增强互动性

特点：通过提问、引导观众参与等方式，增加观众的参与感。

成功案例：某化妆品主播："大家有没有遇到过化妆时卡粉的问题？今天我就来教大家如何解决这个小烦恼，让我们的妆容更加服帖自然！"

借鉴应用：在直播中，可以通过提问、引导观众参与讨论等方式，增加观众的参与感，提高直播的趣味性。

4. 情感共鸣

特点：利用情感因素触动观众内心，产生共鸣。

成功案例：某家居用品主播："这款沙发不仅外观时尚，更重要的是它采用了环保材料，让我们在享受舒适生活的同时，也为地球贡献了一份力量！"

借鉴应用：在直播中，可以通过强调产品的环保、健康等特点，触动观众的情感，增加观众的购买意愿。

田【案例】

一名售卖健康食品的主播，在借鉴上述优秀元素后，设计出以下话术。

"大家好，欢迎来到我的直播间！今天我要给大家介绍的是我们品牌的最新款健康食品——×××营养片。这款营养片采用了纯天然、无添加的原料，富含多种维生素和矿物质，能够帮助大家提高免疫力，保持身体健康。而且它的口感非常好，就像吃零食一样轻松。大家如果想要补充营养的话，千万不要错过这款产品哦！现在购买还有限时优惠，快来下单吧！"

通过借鉴成功案例的话术设计，该主播提炼了简洁明了、接地气、互动性强和情感共鸣等优秀元素，并应用到自己的直播中。这样不仅能够更好地传递产品信息，还能增加观众的参与度和购买转化率，提升直播效果。

5.5 案例实战：使用文心一言写作和优化直播带货话术

直播带货已经成为电商行业的重要营销手段，而一个优秀的话术能够大大提升直播的吸引力和转化率。文心一言作为一款强大的语言模型，能够帮助主播们快速生成具有吸引力和说服力的直播带货话术。下面将通过一个具体的案例来展示如何使用文心一言来写直播带货话术。

1. 确定直播带货商品及目标受众

假设主播小红计划进行一场以某款新上市的美妆产品为主的直播带货。她的目标受众主要是年轻女性群体，对美妆产品有一定的兴趣和需求。小红首先了解了这款产品的特点、功效、使用方法等基本信息，并明确了直播的主题和定位。

2. 使用文心一言生成话术草稿

小红将产品的名称、品牌、主要功效及目标受众的特点等信息输入文心一言中。她要求文心一言根据这些信息生成一段具有吸引力和说服力的直播带货话术。

> 提问：
>
> 请为保温杯这一产品写一篇直播带货话术，要求内容涵盖产品卖点、功效及直播主题、时间等，话术包括开场话术、产品介绍话术、促销活动话术、互动环节话术、化解异议话术及直播收尾话术。

> 回答：
>
> 直播主题：冬日暖心之选——高品质保温杯直播带货
>
> 直播时间：××××年××月××日，晚上××点至××点
>
> 开场话术：
>
> 亲爱的观众朋友们，大家晚上好！欢迎来到今天的直播间，我是你们的主播×××。今天，我要给大家带来的，是一款冬日里不可或缺的暖心好物——高品质保温杯。在这个寒冷的季节，有了它，无论您身处何处，都能随时享受到热饮的温暖与惬意。
>
> 产品介绍话术：
>
> 这款保温杯不仅外观时尚大气，更在细节处体现了匠心独运。它采用了食品级304不锈钢材质，安全环保，让您喝得放心。同时，先进的真空隔热技术，使保温效果长达××小时，无论是清晨的热茶还是午后的咖啡，都能保

持最佳口感。

此外，我们还特别注重用户体验。一键式开盖设计，让您轻松享受热饮；杯身具备防滑功能，即使在户外，也能稳稳当当；多种容量选择，满足您不同场合的需求。

促销活动话术：

为了感谢大家的支持，今天在我们的直播间购买保温杯，将享受超低的折扣优惠；前××名下单的朋友，还将获得价值×××元的精美礼品一份。此外，我们还为大家准备了限时秒杀活动，数量有限，先到先得哦！

互动环节话术：

接下来，我们来个小互动吧！请大家在直播间留言，分享您使用保温杯的小心得，或者告诉我您最想在保温杯里装什么饮品。点赞最多的几位朋友，将有机会获得我们准备的惊喜小礼品哦！快来参与吧！

化解异议话术：

我知道有些朋友可能会担心保温杯的保温效果不够持久，或者担心材质不安全。请放心，我们的保温杯经过严格的质量检测，保温效果长达××小时，而且采用食品级304不锈钢材质，绝对安全无毒。如果您有任何疑问或顾虑，都可以随时在直播间提出，我会一一为您解答。

直播收尾话术：

好了，今天的直播就要结束了，非常感谢大家的参与和支持！希望大家都能选到一款满意的保温杯，让这个冬天不再寒冷。如果您对我们的产品感兴趣，或者有任何问题，都可以随时联系我们。同时，也请大家多多关注我们的直播间，我们会不定期推出更多优质好物和优惠活动。下次直播再见啦，祝大家晚安！

文心一言根据小红的输入，快速生成了一段话术。小红仔细阅读了这段话术，觉得还有可以优化的地方，再次将需求输入文心一言中，得到了更为详细的直播话术。

> 提问：
> 帮我拓展一下产品介绍话术。

💡 回答:

产品介绍话术:

亲爱的朋友们,今天我要给大家隆重介绍的,不仅是一款保温杯,更是一个集时尚、实用、安全于一身的冬日暖心神器!

首先,让我们来聊聊它的外观设计。这款保温杯采用了简约而不失格调的设计理念,它拥有流畅的线条、优雅的色调,无论是放在办公室还是户外,都能成为一道亮丽的风景线。而且,它的体积适中,携带方便,无论是放在包里还是握在手中,都不会给您带来任何负担。

当然,一个优秀的保温杯除了外观,更重要的是它的内在品质。这款保温杯采用了食品级304不锈钢材质,这种材质不仅安全环保,而且耐腐蚀、耐高温,能够确保您喝到的每一口水都是纯净无污染的。

再来说说它的保温性能。这款保温杯采用了先进的真空隔热技术,能够有效地锁住温度,无论是热饮还是冷饮,都能保持长时间的恒温效果。想象一下,在寒冷的冬天里,您早上泡的一杯热茶,到了中午仍然温暖如初,那种感觉是多么的惬意啊!

此外,这款保温杯还注重细节设计。一键式开盖设计,让您在忙碌的生活中也能轻松享受到热饮的便利。杯身还具备防滑功能,即使在户外行走或运动时,也能稳稳地拿在手中,不用担心会滑落。

最后,我想说的是,这款保温杯的容量选择非常多样,无论您是喜欢小口慢饮还是大口畅饮,都能找到合适自己的容量。无论是短途出行还是长途旅行,都能轻松满足您的需求。

所以,亲爱的朋友们,这款保温杯不仅是一个容器,更是冬日里的一份温暖、一份关爱。如果您还在为选择一款合适的保温杯而犹豫,那么不妨试试这款吧,相信它一定会给您带来意想不到的惊喜!

经过AI技术优化调整,小红得到了话术草稿根据自己的理解和需求进行适当的修改和调整,使其更符合自己的风格和直播的氛围。

3. 完善话术内容并加入互动元素

小红要求文心一言在话术中重点突出产品的亮点和优势,如独特的技术、显著的效果、用户好评等。她希望通过生动的描述和具体的案例,让观众能够直观地感受到产品的价值。

> **提问：**
> 针对产品介绍话术进行拓展，在话术中重点突出产品的亮点和优势，并通过生动的描述和具体的案例，让观众能够直观地感受到产品的价值。

> **回答：**
> 产品介绍话术：
> 现在，让我为大家深入介绍一下这款保温杯的亮点和优势。
> 首先要谈的就是它的保温性能。大家有没有过这样的经历，在寒冷的冬日里，刚泡好的热茶还没喝几口，就变得温温的，失去了原有的味道和温度？而这款保温杯采用了先进的真空隔热技术，就像给热水穿上了一件保暖的外衣。无论是寒冷的冬天还是炎热的夏天，它都能保持水温持久不变，让每一口都能品尝到最佳的口感。
> 其次是材质，我们可谓是下足了功夫。我们选用的是高品质的304不锈钢，这种材质不仅安全无毒，而且耐腐蚀、易清洗。想象一下，在户外徒步或长途旅行时，有了这款保温杯，你就不用担心水质问题，随时随地都能享受到安全、卫生的饮品。
> 再来谈谈它的细节设计。防滑杯盖，无论你的手是干的还是湿的，都能稳稳地握住；舒适的手柄，无论是放在包里还是拿在手里，都方便携带。这些细节之处，都体现了我们对品质的追求和对用户的关心。
> 为了让大家更直观地感受到这款保温杯的价值，我给大家分享一个真实的案例。之前有一位顾客去爬雪山，他告诉我，在零下十几度的环境中，这款保温杯仍然能够保持热水的温度，让他在寒冷的雪山之巅也能喝到热腾腾的茶水，这让他感到非常惊喜和满意。
> 所以，这款保温杯不仅是一款产品，更是我们为大家带来的一份温暖和关心。无论你是上班族、户外爱好者还是学生，它都能成为你生活中的好伙伴。

为了增加直播的互动性和吸引力，小红在话术中加入了一些互动元素，如提问、抽奖等。同时，她还提供了限时优惠信息，鼓励观众在直播期间下单购买。

> 🔟 **提问：**
> 在产品介绍话术中加入互动元素，如提问、抽奖等。同时，通过提供限时优惠信息，鼓励观众在直播期间下单购买。

> 🧊 **回答：**
> 产品介绍话术：
> 现在，让我给大家详细介绍一下这款保温杯的亮点和优势。不过，在介绍之前，我想先问大家一个问题，你们觉得一个好的保温杯应该具备哪些特点呢？
> （等待观众回应）
> 看来大家都有自己的想法啊！那么，让我来告诉大家，这款保温杯绝对能满足你们的所有期待。首先，它采用了先进的真空隔热技术，能够持久保温，无论你是早上泡的茶还是中午装的咖啡，都能保持原有的温度。
> 接下来，我要给大家展示一下它的材质。这款保温杯选用的是高品质的304不锈钢，不仅安全无毒，而且耐腐蚀、易清洗。大家有没有觉得这样的材质非常让人放心呢？
> （此时，主播可以展示保温杯的实物，并让观众更直观地了解产品的外观和细节）
> 好，现在我要给大家做一个小小的互动。请在直播间里打出你们对这款保温杯最感兴趣的一个特点或功能，我会随机抽取几位幸运观众送出我们的小礼物哦！
> （等待观众回应并抽取幸运观众）
> 恭喜刚刚被抽中的几位幸运观众！同时，我要告诉大家一个好消息，现在购买这款保温杯，我们有限时优惠活动哦！只要在直播期间下单，就可以享受××折的优惠，并且前100名下单的朋友还会获得我们精心准备的小礼品一份。机会难得，千万不要错过哦！
> 接下来，我要给大家带来一个更大的惊喜！只要在接下来的10分钟内下单购买，我们还会额外赠送一个价值××元的定制杯垫。时间有限，赶快行动吧！

4. 模拟演练与调整

在正式直播前，小红进行了多次模拟演练，不断调整和完善话术的内容和表达方式。她注意控制语速、语调和语气，确保话术能够流畅、自然地传达给观众。

在模拟演练过程中，小红还邀请了朋友和同事作为观众，提供反馈意见。她根据这些反馈对话术进行了进一步的调整和优化，使其更加符合观众的喜好和需求。

5. 正式直播实施

在正式直播时，小红按照准备好的话术进行介绍和推荐。她结合产品的特点和目标受众的需求，用生动、有趣的语言吸引了大量观众的关注和互动。同时，她还通过互动环节和优惠信息激发了观众的购买欲望，成功带动了销售额的增长。

通过这个案例，我们可以看到文心一言在写作直播带货话术方面的应用价值。它能够帮助主播们快速生成具有吸引力和说服力的话术草稿，并提供灵感和思路。主播们可以根据自己的需求和风格进行修改和完善，最终呈现出一段高质量的直播带货话术。这将有助于提升直播的效果和转化率，为主播们带来更多的商业机会和收益。

【点拨】带货话术模板设计注意事项

1. AI 数字人直播与真人主播带货话术模板设计的区别

AI数字人直播与真人主播带货话术模板设计的区别主要在于话术风格与表达、互动与反馈及产品介绍与推荐等方面。

1）话术风格与表达

AI数字人直播：AI数字人的话术通常更加标准化和程序化，因为它们是预先编程和设计的。话术风格可能更偏向于客观、专业的介绍，缺乏真人主播的情感表达和即兴发挥。

真人主播带货：真人主播的话术更加灵活和多变，可以根据直播的实时情况进行调整和即兴发挥。他们的表达更加自然、生动，并且可以加入个人的情感和体验，使直播更加具有吸引力和说服力。

2）互动与反馈

AI数字人直播：由于AI数字人是预先编程的，它们的互动和反馈可能相对有限。虽然可以设计一些基础的互动环节，但缺乏真人主播那种即时、灵活的互动和反馈能力。

真人主播带货：真人主播可以实时地与观众进行互动，回答观众的问题，处理观众的反馈，并根据观众的反馈进行话术的调整。这种实时的互动和反馈机制使直播更加具有吸引力和互动性。

3）产品介绍与推荐

AI数字人直播：AI数字人的话术更加侧重于产品的客观介绍和功能展示，缺乏真人主播对产品深入了解和个性化推荐的能力。

真人主播带货：真人主播可以根据自己的经验和知识，对产品进行深入的介绍和推荐，并且可以根据观众的需求和喜好进行个性化的推荐和建议。

2. 带货主播应避免的话术雷区

带货主播在直播过程中应避免话术雷区，以确保直播内容合规、有效，同时维护品牌形象和消费者利益。常见的话术雷区如表5-5所示。

表5-5 话术雷区

雷区名称	建议
夸大其词	避免使用夸大其词或虚假宣传的描述，如过度夸大产品的功效、性能或价值。这可能导致消费者产生误解，对品牌形象造成负面影响
绝对性词汇	不要使用绝对性词汇，如"最""唯一""绝对"等。这些词汇可能让消费者产生不必要的期望，同时也可能违反广告法规
贬低竞争对手	在直播中避免贬低或攻击竞争对手的产品或服务。这种行为不仅不专业，还可能引发法律纠纷和消费者反感

续表

雷区名称	建议
保证或承诺	不要对产品的效果、性能或质量做出保证或承诺,特别是那些无法兑现的承诺。否则可能导致消费者产生误解,进而引发投诉和纠纷
敏感话题	在直播中避免涉及政治、宗教等敏感话题,以免引起争议和不必要的麻烦
低俗、粗俗	保持专业、文明的直播风格,避免使用低俗、粗俗或不文明的语言。这有助于维护品牌形象,吸引更多潜在消费者
误导性信息	不要发布误导性信息,如错误的产品信息、价格、促销活动等。否则可能导致消费者产生误解,进而影响购买决策和品牌形象
涉及个人隐私	在直播中避免提及个人隐私,如手机号码、身份证号码等。这有助于保护消费者隐私,避免泄露个人信息

总之,带货主播在直播过程中应遵守法律法规和道德规范,确保话术合规、有效。通过维护品牌形象和消费者利益,实现长期的商业成功。

第6章
AI 直播带货脚本设计

直播带货脚本是直播销售活动中的重要组成部分，它详细规划了直播的流程、内容及互动环节，旨在提升直播的吸引力和销售效果。根据不同的直播主题和目标受众，直播带货脚本可以分为多种类型，如产品介绍型、互动娱乐型、场景体验型等。每种类型都有其独特的设计要点和表达方式，以满足不同观众的需求。

通过本章的学习，你将学会如何结合AI技术的优势，设计出高效、精准的直播带货脚本；掌握不同类型脚本的设计技巧，了解AI直播带货脚本设计的基础要素和流程；学会在实际应用中不断优化和完善脚本，以提升直播的吸引力和销售效果。

6.1 认识直播带货脚本

直播带货脚本不仅为主播提供了明确的指导，确保直播内容的连贯性和吸引力，还能帮助主播与观众建立更好的连接，提升直播效果和销售业绩。因此，一个精心设计的直播带货脚本是直播带货成功的关键之一。

6.1.1 直播带货脚本的概念与类型

直播带货脚本是一种为直播销售环节设计的文本框架,它规定了直播的内容、流程和互动方式,旨在提高直播的专业性和效果。

1. 直播带货脚本概述

直播带货脚本是一份详细的文字稿件,用于指导主播在直播中的表现和发言,包括单品直播脚本和整场直播脚本两种类型,旨在提高直播效果,增强观众的观看体验。这份脚本通常包括开场白、主题介绍、互动环节、结尾致辞等内容。我们可以从图6-1所示的几方面来了解直播带货脚本。

图6-1 直播带货脚本概述

2. 直播带货脚本的类型

直播带货脚本的类型选择会受到多种因素的影响,包括主播的个人风格、直播内容的需求及观众群体的喜好等。受欢迎的脚本类型主要包括图6-2所示的三种。

图6-2 直播带货脚本类型

- 整场直播脚本:这种脚本涵盖了整场直播的流程和内容。它通常包括直播的主题、日期、时间、目标,以及各个岗位的分工内容。整场直播脚本还会详细规划直播的前、中、后各个阶段的动作和目的,如开场话术、互动话术、结束话术等。此外,它还会规划好各个产品的介绍时间和顺序,以及相应的福利和促销活动。

对于新手主播或需要明确指导的主播来说,整场直播脚本可能更受欢迎。这种脚本提供了清晰的框架和流程，可以帮助主播规划好整场直播的内容和时间，确保直播的顺利进行。

- 单品脚本：单品脚本主要针对具体的产品进行编写。它通常包括产品的品牌介绍、产品卖点介绍、利益点强调、促销活动、直播间话术等。单品脚本的目的是帮助主播更好地展示和推销产品，同时提高观众的购买欲望。

对于专注于推销特定产品的主播来说，单品脚本可能更受欢迎。单品脚本可以突出产品的特点和优势，帮助主播更好地展示和推销产品，提高销售转化率。

- 销售话术脚本：这种脚本主要侧重于推销产品，通过专业的话术技巧和销售策略来引导观众产生购买行为。销售话术脚本通常包括产品的独特卖点、竞争优势、适用场景等，以及相应的购买引导和优惠信息。

对于有一定经验的主播来说，销售话术脚本可能更受欢迎。这种脚本侧重于引导观众产生购买行为，通过专业的话术技巧和销售策略来提高购买转化率。

需要注意的是，以上分类并不是绝对的，直播带货脚本的形式和内容可以根据具体的直播场景和目的进行灵活调整。

6.1.2 直播带货脚本的作用

直播带货脚本是直播销售过程中的重要工具，它不仅能帮助主播有条不紊地进行直播，还确保了直播内容的质量和观众的参与度。通过精心设计的脚本，主播可以更有效地与观众互动，提高直播的转化率和销售额。可以将直播带货脚本的作用总结为如下几点。

- 梳理直播流程：直播带货脚本可以事先规划好直播的内容和顺序，避免主播在直播中仓促决定活动和内容，减少直播中可能出现的混乱和失误。

- 管理主播话术：脚本可以为主播提供明确的话术指导，帮助主播更好地表达产品特点、传递价值信息，并准确回答观众的问题。这不仅可以提高直播的专业性，还能增强观众的信任感。

- 增加粉丝关注度：通过精心设计的脚本，主播可以呈现更加有吸引力和有趣的内容，从而吸引更多粉丝的关注。同时，脚本中的互动环节和优惠活动也能激发观众的参与热情，提高粉丝的黏性。
- 提升直播效益：直播带货脚本的目的是让直播按照预想的方向有序进行，通过优化直播内容和提高转化率，最终实现提升销售业绩和品牌形象的目标。
- 满足观众需求：直播带货脚本可以根据观众的兴趣和需求进行设计和调整，提供有价值的信息和有趣的内容，满足观众的观看体验。这有助于建立长期的观众关系，培养粉丝的忠诚度并助力口碑的传播。

6.2 AI 直播带货脚本设计基础

在使用 AI 技术设计直播带货脚本之前，需要先了解直播带货脚本的基本要素及 AI 技术在直播带货脚本设计中的应用。

6.2.1 脚本设计在 AI 直播带货中的重要性

AI 直播带货同样需要设计带货脚本，这有助于提高直播的专业性和效果，优化直播流程和节奏，以及降低成本和提高效率。脚本设计在 AI 直播带货中的重要性如下。

- 提升专业性和说服力：脚本设计通过结构化和系统化的内容呈现、精准的语言表达和专业的术语运用、针对性的产品介绍和推荐、增强互动性和参与感以及适应 AI 主播的特点和优势等方式，能够显著提升 AI 直播带货的专业性和说服力。
- 优化直播流程和节奏：脚本设计可以帮助 AI 主播把控直播节奏、梳理直播流程，尤其是在直播中推荐多款产品时，每款产品都需要有明确的展示时间和卖点，这对脚本的精确度要求极高。
- 降低成本和提高效率：通过预先设计好的脚本，AI 主播可以更加高效地进行直播带货。这有助于节省时间和精力，提高直播的效率和质量。

6.2.2 直播带货脚本的基本要素

直播带货脚本的基本要素包括图 6-3 所示的明确直播主题和目标、规划直播流程和时间、设计互动环节等。这些要素共同构成了直播带货脚本的核心内容，为主播提供了清晰的指导和支持，有助于提高直播的效果和转化率。

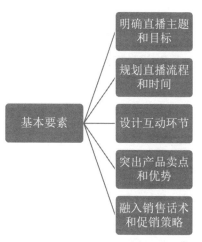

图 6-3 直播带货脚本的基本要素

1. 明确直播主题和目标

直播带货脚本的首要任务是明确直播的主题和目标，这包括确定直播的核心内容、产品介绍的重点及期望达到的销售或宣传效果。明确的目标有助于主播在直播过程中保持聚焦，确保内容的一致性和连贯性。

例如，某脚本明确的直播主题是介绍并推销最新款智能手机，目标是提高销售额和增加品牌知名度。

2. 规划直播流程和时间

脚本需要详细规划直播的整个流程，包括开场白、产品介绍、互动环节、优惠活动及结束语等。同时，要合理安排每个环节的时间，确保直播能够按照预定计划顺利进行。例如，某手机产品直播脚本规划的直播流程和时间如下。

- 开场白（5分钟）：感谢观众进入直播间，简短介绍今天的直播主题和产品。
- 产品介绍（15分钟）：详细展示手机的外观、屏幕、摄像头、性能等特点，并强调其与其他手机的区别和优势。
- 互动环节（10分钟）：邀请观众提问，回答关于手机的问题，并进行抽奖活动,提高观众参与度。

- 优惠活动(10分钟):推出限时折扣和赠品活动,鼓励观众下单购买。
- 结束语(5分钟):感谢观众的参与和支持,再次强调产品优势和优惠活动,并鼓励观众分享直播。

3. 设计互动环节

直播带货的成功与否很大程度上取决于观众的参与度和互动度。因此,脚本中需要设计一些互动环节,如提问、投票、抽奖等,以吸引观众的注意力,提高直播的趣味性和参与感。

例如,某直播脚本的互动环节包括提问环节和抽奖环节。

- 提问环节:邀请观众在直播间提问关于手机的问题,主播进行回答,增加互动和信任感。
- 抽奖环节:设置抽奖活动,抽取幸运观众获得手机或优惠券等奖励,提高观众参与度。

4. 突出产品卖点和优势

直播带货的核心是推销产品,因此脚本中需要详细介绍产品的卖点、功能、用途及与其他产品的区别。通过突出产品的优势和特点,激发观众的购买欲望。

例如,某直播脚本强调手机的高清大屏、高性能处理器和优秀摄像头等卖点,满足消费者对拍照和游戏的需求。与其他手机品牌相比,强调其独特的设计和更高的性价比,提升产品优势。

5. 融入销售话术和促销策略

脚本中需要融入一些销售话术和促销策略,以引导观众产生购买行为。提供限时折扣、赠品、优惠券等激励措施,可以增加产品的吸引力。

使用具有说服力的语言,如"这款手机是你今年不可错过的选择!""现在下单享受限时折扣,机会难得!"等,可以引导观众下单购买产品。

以一款智能手机新品直播为例,其直播脚本如下。

1)直播开启

大家好,欢迎来到这个充满激动与期待的直播间!我是你们的老朋友×××,每次与大家相聚都让我感到无比温暖。今天,我为大家带来了一款让人心动的智能手机,它不仅仅是一部手机,更是你生活中的得力助手和时尚伙伴。

2)产品特性介绍

这款手机不仅拥有前沿的科技,更融合了人性化的关怀。从外观设计到内部配置,每一个细节都体现了我们对用户需求的深入洞察。高清大屏,让每一个画面都生动鲜活;强大的处理器,确保运行流畅,无论是游戏还是多任务处理都能轻松应对;它的摄像头更是摄影爱好者的首选,无论是日常的拍照还是专业的摄影,都能呈现出令人惊艳的效果。此外,我们还加入了AI智能功能,让这款手机更加智能、贴心,满足你生活中的各种需求。

3)产品亮点介绍

想象一下,当你拿起这部手机,首先映入眼帘的是那令人惊艳的高清大屏。它就像一扇窗,带你进入一个色彩斑斓的世界。每一次滑动、每一次点击,都仿佛在与它进行一场亲密的对话。

当你需要它为你工作时,那强大的处理器就像一颗永不疲倦的心,时刻为你提供源源不断的动力。无论是处理工作、娱乐放松,还是记录生活中的每一个美好瞬间,它都能轻松胜任。

说到记录生活,就不得不提它的摄像头。那高清的画质、那精准的对焦,仿佛能读懂你的每一个眼神、每一个微笑。每一次按下快门,都是对生活的一次深情告白。

4)互动环节

亲爱的朋友们,你们是不是已经被它深深吸引了呢?现在,让我们进入互动环节。把你的问题、你的期待、你的祝福都留在直播间吧!我会用心回答每一个问题,也会把你们的祝福带给更多的人。而且,还有神秘礼物等着你们哦!

5）优惠活动

为了感谢大家一直以来的支持和陪伴，我们特地准备了这次限时优惠活动。现在下单，不仅能享受到超值的优惠价格，还有精美的赠品等你来拿！

6）直播结尾

好了，亲爱的朋友们，这款手机就介绍到这里了，喜欢的朋友们速速入手。真心希望你们能从这款手机中找到生活的乐趣和便利，也希望我们的直播间能成为你们每天放松心情、发现美好的地方。

6.2.3　AI技术在直播带货脚本设计中的应用

AI技术可以通过自然语言处理和机器学习算法，自动生成符合特定需求的带货脚本。这些脚本可以根据目标受众、产品特点和市场趋势等因素进行优化，以提高转化率和销售额。此外，AI技术还可以根据用户反馈和实时数据，不断调整和优化脚本的内容和形式，以提高带货效果和用户体验。具体而言，AI技术在直播带货脚本设计中的应用包括如下几方面。

- 自动化生成：AI技术能够快速分析产品特点和市场需求，然后基于预设的模板或规则自动生成脚本。这大大减少了人工编写脚本的时间和精力，提高了工作效率。

- 个性化定制：AI可以根据目标受众的喜好、行为模式和购买历史等信息，为不同的用户生成个性化的脚本。这种个性化的营销方式更能吸引用户的注意力，提高转化率。

- 实时优化：AI可以通过分析用户反馈和实时数据，对脚本进行实时优化和调整。比如，如果发现某个部分的转化率较低，AI可以自动调整这部分的内容，以提高整体效果。

- 精准推荐：AI可以根据用户的购买历史、浏览行为等信息，精准推荐适合用户的商品和相应的带货脚本。这种精准推荐能够大大提高用户的购买意愿和满意度。

- 提高用户体验：AI生成的脚本通常更加简洁明了，易于理解和接受。这不仅能够提高用户的观看体验，还能够增强用户对品牌和产品的信任感。

AI技术在生成带货脚本方面的应用能够大大提高电商行业的营销效率和用户体验，为商家带来更多的流量和销售额。除此之外，AI技术在生成带货脚本方面还有一些创新。例如，一位国际消费者正在浏览一家时尚品牌的网站，AI识别到该消费者的IP地址和浏览历史，发现其可能来自一个非英语国家。于是，AI生成了多语种的带货脚本，包括该消费者的母语。消费者感到被尊重和照顾，更容易接受品牌的推荐，并增加了购买的可能性。

又如，消费者在观看一款健身器材的使用演示视频，AI为生成的脚本提供了智能配音功能，以生动的方式描述器材的使用方法和效果。同时，AI还根据器材的特点和消费者的需求，添加了适当的音效和背景音乐。消费者可能被视频的演示效果所吸引，更容易理解和接受产品的使用方法，提高了购买的可能性。

6.3 AI 数字人直播带货脚本设计流程

AI数字人直播带货脚本设计流程可以分为多个步骤，如确定直播目标与主题、分析目标受众、选择适合的AI数字人、制定直播流程和时间线等。

6.3.1 确定直播目标与主题

确定直播脚本的目标与主题对于确保直播内容的质量、吸引受众、增强品牌形象、提高转化率和评估效果等方面都具有重要意义。因此，在制定直播脚本时，应确保目标与主题的明确性、相关性、吸引力和可衡量性。

首先，需要确定直播的目标和主题。例如，是推广某个具体的产品，还是提升品牌知名度，这将为后续的脚本设计提供方向。直播的目标和主题有很多,下面列举了几个供大家参考,如表6-1所示。

表6-1 直播目标与主题案例

案例编号	直播目标	直播主题	内容概述
1	提高品牌知名度	品牌故事分享会	在这场直播中,主播将分享品牌的创立背景、发展历程和未来规划,同时展示品牌的核心价值观和独特卖点。通过讲述品牌故事,增加观众对品牌的了解和认同,提高品牌知名度
2	推广新产品	新品首发体验	主播将介绍并展示即将上市的新产品,包括产品的特点、功能和使用方法。同时,邀请观众参与互动,让他们分享自己对新品的看法和期待,提高新品的曝光度和观众的购买意愿
3	增加销售额	限时折扣狂欢	在这场直播中,主播将推出限时折扣活动,吸引观众在特定时间内购买产品。通过实时更新销售数据、分享购买攻略和赠品信息等方式,激发观众的购买欲望,提高销售额
4	增强与受众的互动	粉丝问答互动夜	主播将邀请粉丝参与问答互动,回答观众的问题,分享有趣的信息和趣事。通过互动环节的设置,增加观众的参与感,提高直播的活跃度和粉丝忠诚度
5	提升用户体验	产品使用教程	主播将为用户提供详细的产品使用教程,包括产品安装、功能介绍、操作技巧等。通过解决用户在使用产品过程中遇到的问题,提升用户体验,增加用户对品牌的信任感和满意度

以上案例展示了不同直播目标与主题的组合,可以根据具体的品牌、产品和受众需求进行调整和创新。重要的是确保目标与主题的一致性和明确性,以便有效地吸引观众并实现直播目标。

6.3.2 分析目标受众

分析目标受众是AI数字人直播带货脚本设计流程中至关重要的一步,

它涉及对潜在观众的深入了解，以确保直播内容和策略能够精准地满足他们的需求和期望。

1. 分析目标受众的重要性

了解目标受众是制定有效直播策略的基础。不同的受众群体有着不同的兴趣、偏好、购买习惯和行为模式。通过深入了解目标受众，可以确保直播内容、产品选择、互动方式等都与他们的兴趣和需求紧密相关，从而提高直播的吸引力和转化率。

2. 分析目标受众与举例

假设我们正在为一家时尚品牌设计AI数字人直播带货脚本，目标受众是25～35岁的都市女性。表6-2是对这部分受众的分析和举例。

表6-2 对目标受众的分析与举例

事项	分析	举例
定义目标受众	需要明确直播的目标受众是谁。这可以是一个特定的群体，如年轻人、女性消费者、某一行业的专业人士等	25～35岁的都市女性
研究兴趣和需求	通过市场调研、问卷调查、社交媒体分析等方式，了解目标受众的兴趣爱好、购买需求、消费习惯等	这部分受众通常对时尚、美容、生活方式等话题感兴趣。她们追求个性化和高品质的时尚产品，同时注重产品的实用性和性价比
分析行为模式	了解目标受众在观看直播时的行为模式，如观看时间、互动方式、购买决策过程等	这部分受众可能会倾向于在晚上或周末的时间段观看。她们喜欢与主播互动，提问或分享自己的购物心得。在购买决策过程中，她们可能会关注产品的用户评价、品牌信誉等因素
识别痛点和需求	分析目标受众在购买或使用产品时可能遇到的痛点和需求，以便在直播中提供有针对性的解决方案	这部分受众在购买时尚产品时，可能会遇到选择困难症，不知道如何搭配或选择适合自己的产品。此外，她们也可能关注产品的可持续性和环保性

基于以上分析，我们可以在直播带货脚本中设计以下内容。
- 在直播开始时，介绍当季的最新时尚趋势，以吸引受众的注意力。
- 展示和推荐符合目标受众品位的高品质时尚产品，并强调产品的实用性和性价比。
- 设置互动环节，如提问、投票等，鼓励受众参与并分享自己的购物心得。
- 提供搭配建议和时尚小贴士，帮助受众解决选择困难的问题。
- 强调产品的可持续性和环保性，以满足目标受众对环保的关注。

通过以上分析和有针对性的内容设计，我们可以确保AI数字人直播带货脚本更加贴近目标受众的需求和期望，从而提高直播的吸引力和销售效果。

6.3.3 选择适合的AI数字人

根据直播主题和目标受众，选择一个适合的AI数字人形象，需要确保数字人的形象、声音和风格与直播内容、品牌形象和目标受众相契合。

假设某家高端时尚品牌计划使用AI数字人进行直播带货，在选择适合的AI数字人时，他们可以考虑表6-3所示的因素。

表6-3 选择适合的AI数字人需要考虑的因素与举例

考虑因素	选择适合的AI数字人	举例
品牌形象	AI数字人的形象、声音和风格应该与品牌形象保持一致。例如，如果品牌形象是高端、专业的，那么选择的AI数字人应该展现出相应的气质和形象	该品牌以高端、优雅的形象著称，因此选择的AI数字人应该具备相应的气质和形象。数字人的设计应该体现出品牌的独特性和专业性
目标受众	了解目标受众的喜好和偏好是选择AI数字人的关键。例如，如果目标受众是年轻人，那么选择一个时尚、活泼的AI数字人可能更受欢迎	该品牌的目标受众主要是25～40岁的都市女性，她们注重品质、追求时尚。因此，选择的AI数字人应该能够吸引这部分受众的注意力，并与她们建立情感连接

续表

考虑因素	选择适合的AI数字人	举例
直播内容	直播内容决定了AI数字人需要展现的技能和特质。例如，如果直播内容是关于美妆的，那么选择的AI数字人应该具备相关的专业知识和技能	该品牌的直播内容主要围绕时尚穿搭、新品发布等。因此，选择的AI数字人应该具备时尚敏感度和专业知识，能够准确地展示产品的特点和优势
技术可行性	选择AI数字人时，还需要考虑技术的可行性，确保所选的数字人能够支持实时互动、语音识别等功能	该品牌考虑到技术的可行性，在选择AI数字人时，他们选择了一个支持实时互动、语音识别等功能的数字人平台，以确保直播的顺利进行

基于以上考虑，该品牌最终选择了一个形象优雅、时尚感十足的AI数字人进行直播带货。数字人的声音和风格也与品牌形象相契合，成功吸引了目标受众的注意力。在直播过程中，数字人还能够根据观众的提问和互动进行智能回应，提升了直播的互动性和吸引力。

通过选择适合的AI数字人，该品牌成功地实现了直播带货的目标，提升了品牌知名度和销售业绩。这也证明了在选择AI数字人时，综合考虑品牌形象、目标受众、直播内容和技术可行性等因素的重要性。

6.3.4 制定直播流程和时间线

制定直播流程和时间线是AI数字人直播带货脚本设计流程中不可或缺的一步，它涉及对整个直播过程的规划和布局，确保直播节奏有序、紧凑且吸引人。

1. 制定直播流程

直播流程是指直播过程中各个环节的顺序和安排。一个合理的直播流程应该包括以下几个部分。

- 开场环节：用于吸引观众的注意力，介绍直播的主题和目的。可以通过播放背景音乐、展示品牌Logo等方式营造氛围。

- 产品介绍环节：详细介绍直播中推广的产品，包括产品的特点、功能、使用方法等。可以通过展示产品实物、使用演示等方式让观众更直观地了解产品。
- 互动环节：设计一些互动环节，如提问、投票、抽奖等，增加观众的参与感和黏性。这不仅可以提高直播的活跃度，还能收集观众的反馈和需求。
- 优惠促销环节：在直播过程中推出一些优惠活动，如限时折扣、满减等，刺激观众的购买欲望。可以通过倒计时、限时抢购等方式营造紧张氛围。
- 结尾环节：总结直播内容，感谢观众的参与和支持，并引导观众进行后续操作（如购买产品、关注品牌等）。

2. 制定时间线

时间线是指直播过程中各个环节的时间安排。制定时间线时需要考虑以下几个因素。

- 每个环节的内容量和重要性：根据每个环节的内容量和重要性来分配时间，确保重要内容得到充分的展示和介绍。
- 观众的注意力集中度：根据观众的注意力集中度来安排时间，避免在观众注意力较低的时间段安排重要环节。
- 直播的整体时长：根据直播的整体时长来制定时间线，确保直播内容在规定时间内完成。

3. 举例讲解

假设某家美妆品牌计划使用AI数字人进行一场时长为60分钟的直播带货，表6-4是他们的直播流程和时间线安排。

表6-4 直播流程和时间线安排

事项	直播流程	时间线
开场环节	播放轻快的背景音乐、展示品牌Logo和直播主题，吸引观众注意力	0～5分钟

续表

事项	直播流程	时间线
产品介绍环节	详细介绍本次直播推广的美妆产品，包括产品的成分、功效、使用方法等。通过展示产品实物、使用演示等方式让观众更直观地了解产品	5～35分钟
互动环节	设计观众提问环节，让观众提出关于产品的问题，AI数字人进行实时回答。同时推出抽奖活动，增加观众的参与感	35～50分钟
优惠促销环节	推出限时折扣和满减活动，刺激观众的购买欲望。通过倒计时、限时抢购等方式营造紧张氛围	50～55分钟
结尾环节	总结直播内容，感谢观众的参与和支持，并引导观众进行后续操作（如购买产品、关注品牌等）	55～60分钟

通过制定合理的直播流程和时间线，该美妆品牌确保了直播内容的有序性和紧凑性，同时也提高了观众的参与度和购买欲望。这也证明了制定直播流程和时间线在AI数字人直播带货脚本设计流程中的重要性。

6.3.5 编写直播脚本

接下来要根据直播流程和时间线，编写详细的直播脚本。脚本应包括每个环节的台词、动作、表情等，以确保AI数字人在直播中能够呈现出最佳的效果。

脚本内容既要能够吸引观众的注意力，又要清晰地传达产品的信息，同时还要保证直播流程的连贯性和节奏感。

1. 明确直播目标与受众

在编写直播脚本之前，首先要明确直播的目标和受众，这有助于我们更好地确定直播内容、语言风格及互动方式。例如，如果目标是推广一款针对年轻人的时尚服饰，那么受众可能就是追求时尚、注重个性的年轻人群体。

2. 搭建直播脚本框架

直播脚本通常包括以下5部分。
- 开场白：简短介绍直播主题、目的及亮点，吸引观众兴趣。
- 产品介绍：逐一介绍产品特点、优势及使用方法，结合场景演示和互动提问，加深观众对产品的了解。
- 优惠活动：介绍直播期间的优惠活动及购买方式，激发观众购买欲望。
- 互动环节：设计有趣的互动游戏或抽奖活动，提高观众参与度和黏性。
- 结束语：总结直播内容，感谢观众参与，并引导观众关注后续活动。

3. 细化直播脚本内容

细化直播脚本内容时应注意以下3方面。
- 语言风格：根据受众特点选择合适的语言风格，既要专业又要通俗易懂。
- 互动设计：提前预设互动问题，引导观众参与讨论，增加直播互动性。
- 时间把控：合理安排每个环节的时间，确保直播节奏紧凑但又不过于仓促。

4. 举例阐述

以一场AI数字人直播带货时尚服饰为例，表6-5是部分脚本内容。

表6-5 AI数字人直播带货时尚服饰部分脚本内容

流程	内容
开场白	大家好，欢迎来到今天的直播间！我是你们的时尚小助手AI数字人××。今天我要给大家带来一系列超级酷炫的时尚服饰，让你轻松成为潮流焦点！赶快跟我一起进入时尚的世界吧！

续表

流程	内容
产品介绍（以一款T恤为例）	现在给大家展示的是我们这款超级火爆的T恤。它采用了高品质的面料，柔软舒适又透气。在设计上，我们融入了今年最流行的元素，简约而不失个性。穿上它，无论是逛街、约会还是上班，都能让你轻松成为焦点。而且，这款T恤还有多种颜色可选，总有一款适合你的风格
优惠活动	现在告诉大家一个好消息！在直播期间购买我们的时尚服饰，就可以享受××折的优惠哦！而且，前100名购买的观众还将获得我们精心准备的小礼品一份。快来抢购吧，机会难得哦！
互动环节	我们来玩一个互动游戏吧！请大家在弹幕区留言告诉我，你最喜欢这款T恤的哪个颜色？我们将从留言的观众中抽取幸运儿送出精美礼品哦！快来参与吧！
结束语	好了，今天的直播到这里就结束了。感谢大家的参与和支持！如果你喜欢我们的产品或觉得今天的直播有趣，请记得关注我们的直播间，下次再见啦！

通过以上流程和内容设计，我们可以编写出一份既吸引观众又能够清晰传达产品信息的直播脚本，为AI数字人直播带货提供有力的支持。

6.3.6 整合产品信息和推广策略

将产品的详细信息、特点、优势等整合到脚本中，同时设计推广策略，如限时优惠、赠品等，可以吸引观众购买。在直播带货的过程中，产品信息的准确性和推广策略的有效性直接关系到销售效果和观众的购买意愿。因此，整合产品信息和推广策略，确保两者在直播过程中协调统一，是提高直播效果的关键。

1. 深入理解产品信息

需要深入理解的产品信息有以下3类。
- 产品特点：了解产品的独特卖点、材质、功能等。

- 目标受众：明确产品针对的消费群体，以便在直播中采用更贴近目标受众的语言和表达方式。
- 竞品分析：了解同类产品的优缺点，以便在直播中突出自己产品的优势。

2. 制定推广策略

常用的推广策略有以下3种。

- 定价策略：根据产品成本、市场需求和竞品价格，制定合理的定价策略。
- 促销策略：设计限时优惠、满减、赠品等促销活动，提高观众的购买欲望。
- 互动策略：设计互动环节，如问答、抽奖等，提高观众的参与度和黏性。

3. 整合两者

整合产品信息和推广策略有如下方法。

- 将产品信息融入推广策略：在推广过程中，自然而然地提及产品特点、优势等，使观众在了解推广活动的同时，也对产品有更深入的了解。
- 根据推广策略调整产品信息呈现方式：例如，如果推广策略是强调产品的实用性，那么在直播中可以多展示产品的使用场景和效果。

假设我们要为一家智能家居品牌进行AI数字人直播带货，推广其新款智能音箱，表6-6是整合产品信息和推广策略的示例。

表6-6 整合产品信息和推广策略的示例

事项	举例
产品信息	• 特点：音质清晰、语音识别准确、可连接多种智能家居设备 • 目标受众：年轻人、科技爱好者 • 竞品分析：市面上同类产品众多，但我们的音箱在音质和智能化方面更具优势

续表

事项	举例
推广策略	• 定价策略：原价999元，直播期间限时优惠价799元 • 促销策略：前100名购买者赠送价值199元的智能家居套装 • 互动策略：设置智能音箱使用技巧问答环节，答对者有机会获得精美礼品
整合两者	• 开场白中提及智能音箱的主要特点和目标受众 • 产品介绍环节详细展示音箱的音质、语音识别功能及与智能家居设备的连接过程 • 推广环节自然融入定价策略和促销活动，强调限时优惠和赠品 • 互动环节进行智能音箱使用技巧问答，既增加了观众参与度，又展示了产品的实用性和智能化特点

通过整合产品信息和推广策略，我们可以使直播内容更加紧凑、有条理，同时确保观众在了解产品的同时，也被推广活动所吸引，从而提高购买意愿和转化率。

6.3.7 预览和调整

在正式直播前，需要预览脚本并对其进行调整，确保脚本内容连贯、吸引人，同时检查AI数字人的表现是否符合预期。这一步骤的目的是在实际直播前，对脚本进行细致的审核和修改，以确保直播过程的流畅性和直播效果的最大化。

1. 预览脚本内容

• 仔细阅读整个脚本，确保内容逻辑清晰，没有遗漏或重复的信息。

• 检查语言表达是否准确、流畅，以及是否符合目标受众的语言习惯。

• 注意脚本中的时间节点和节奏把控，确保每个环节都能在规定时间内完成。

2. 模拟直播流程

- 尝试按照脚本进行模拟直播，观察 AI 数字人在表达、互动等方面的表现。
- 注意 AI 数字人的语速、语调及表情动作是否自然、协调，能否吸引观众的注意力。
- 检查直播流程是否顺畅，是否有需要调整的地方。

3. 收集反馈意见

- 邀请团队成员或目标受众对模拟直播进行观看，并收集他们的反馈意见。
- 根据反馈意见，对脚本中的不足之处进行修改和优化。

4. 调整脚本细节

- 根据预览和模拟直播中发现的问题，对脚本进行有针对性的修改。
- 可以调整措辞、优化产品介绍方式、增加互动环节等，以提升直播效果。

5. 再次预览确认

- 在完成修改后，再次预览整个脚本，确保所有内容都符合预期。
- 确保直播流程、时间安排等细节准确无误。

以一场 AI 数字人直播带货化妆品的脚本为例，表 6-7 为预览和调整过程的举例说明。

表 6-7 预览和调整过程的举例说明

事项	举例
预览脚本内容	• 脚本中详细介绍了化妆品的成分、功效和使用方法，同时设计了互动环节和优惠活动 • 在预览过程中，发现某些产品介绍过于冗长，可能导致观众失去兴趣
模拟直播流程	• 在模拟直播中，观察到 AI 数字人在表达某些专业术语时显得不够流畅，需要进行调整

续表

事项	举例
模拟直播流程	• 发现互动环节的设计不够吸引人，需要增加趣味性
收集反馈意见	• 邀请团队成员观看模拟直播，并收集他们的反馈意见 • 团队成员提出，可以增加更多关于化妆品的使用技巧和搭配建议，以满足观众的实际需求
调整脚本细节	• 简化产品介绍，突出核心卖点 • 增加使用技巧和搭配建议的内容，提高脚本的实用性 • 重新设计互动环节，增加趣味性和参与度
再次预览确认	• 完成修改后，再次预览整个脚本，确保内容逻辑清晰、表达流畅 • 检查直播流程和时间安排，确保一切准备就绪

通过以上预览和调整流程，可以确保AI数字人直播带货脚本的质量和效果达到最佳状态，为实际直播打下坚实基础。

6.3.8 执行和优化

AI数字人直播带货脚本设计流程中的执行和优化是确保直播效果的关键环节。在执行阶段，需要严格按照脚本进行直播，并根据实际情况进行灵活调整。而在优化阶段，需要对直播效果进行评估，找出存在的问题并进行针对性的改进。

1. 执行阶段

执行阶段需要重点关注的内容如表6-8所示。

表6-8 执行阶段需要重点关注的内容

执行阶段要点	要点解析
准备直播环境	• 确保直播场地整洁，背景符合品牌形象和产品特点 • 检查直播设备，包括摄像头、麦克风、灯光等，确保它们正常运行

续表

执行阶段要点	要点解析
准备直播环境	● 提前测试AI数字人的表现，确保其动作、表情和语音自然流畅
按照脚本进行直播	● 在直播开始前，再次熟悉脚本内容，确保对各个环节有清晰的认识 ● 按照脚本的时间节点和内容安排，逐步推进直播流程 ● 注意控制语速和节奏，保持与观众的互动，及时回答观众的问题
灵活调整直播内容	● 在直播过程中，根据观众的反馈和互动情况，灵活调整直播内容 ● 如果某个环节观众反应冷淡，可以适当缩短时间或改变呈现方式 ● 如果观众对某个产品表现出浓厚的兴趣，可以增加相关介绍和互动环节

2. 优化阶段

优化阶段需要重点关注的内容如表6-9所示。

表6-9　优化阶段需要重点关注的内容

优化阶段要点	要点解析
评估直播效果	● 直播结束后，收集直播数据，包括观看人数、互动次数、销售情况等 ● 分析数据，找出直播中的优点和不足，以及观众的兴趣点和需求
优化脚本内容	● 根据评估结果，对脚本内容进行优化 ● 可以增加更多观众感兴趣的话题和产品介绍，减少观众不感兴趣的内容 ● 调整互动环节的设计，提高观众的参与度和黏性

续表

优化阶段要点	要点解析
优化AI数字人表现	● 根据直播中的表现，对AI数字人的动作、表情和语音进行优化 ● 调整AI数字人的语速、语调，使其更符合品牌形象并能被目标受众所接受 ● 优化AI数字人的互动能力，使其能够更自然地与观众进行交流和互动

假设我们要为一家时尚品牌进行AI数字人直播带货，脚本中设计了一系列时尚穿搭的介绍和互动环节。在执行阶段，我们发现某个穿搭环节的观众反馈较为冷淡，于是我们决定缩短该环节的时间，并增加更多观众感兴趣的时尚话题。同时，在直播过程中，我们注意到观众对某款新品表现出浓厚的兴趣，于是我们临时增加了该新品的详细介绍和互动环节。

在优化阶段，我们收集了直播数据并进行分析，发现观众对时尚搭配技巧和新品推荐的内容特别感兴趣，于是我们决定在下次直播中增加这两个方面的介绍。同时，我们也对AI数字人的语速和语调进行了微调，使其更符合品牌形象并能被目标受众所接受。

通过执行和优化阶段的工作，我们可以不断提升AI数字人直播带货的效果，为品牌带来更多的曝光和销售机会。

6.4 AI在直播带货脚本设计中的实际应用

随着AI技术的发展和应用，AI在创意带货脚本创作中扮演着越来越重要的角色。AI能够帮助创作者快速生成符合需求的脚本，为创意带货视频提供高效的内容创作支持。例如，AI可以根据观众的兴趣和偏好，为直播带货脚本设计提供个性化的推荐和建议，使直播内容更加符合观众的口味和需求。同时，AI还可以通过分析历史数据和趋势，预测未来的销售情况和观众需求，为直播带货脚本设计提供更有针对性的建议。

6.4.1 利用 AI 进行数据驱动的脚本设计

ChatGPT在生成直播脚本方面具有显著的优势，能够帮助主播更好地呈现直播内容，提高直播的效果。下面以一款口红为例，通过ChatGPT生成直播带货脚本。

> 提问：
> 请你按抖音的风格和要求写一个直播脚本，脚本的主题是营销一款原价为188元，活动价为158元的口红。

> 回答：
> **抖音直播脚本：口红营销活动（详细版）**
> 时间：[直播具体时间]
> 主播：[主播姓名]
> 产品：[口红品牌及型号]
> 背景音乐：轻松愉快的流行音乐，为直播营造轻松愉快的氛围
> [开场]
> 主播（微笑，挥手）：大家好，欢迎各位宝贝们来到[主播姓名]的直播间！我是你们的好朋友[主播姓名]，今天又是一个阳光明媚的日子，感觉整个人都充满了能量呢！
> [产品介绍]
> 主播：好啦，言归正传，今天我为大家带来的这款口红，可是近期的网红爆款哦！它就是——[口红品牌及型号]。首先，看看它的外包装，是不是超级精致？拿在手里就有一种高大上的感觉。
> 画面：镜头缓慢拉近，展示口红的包装细节。
> 主播：打开包装，里面小巧的口红更是让人爱不释手。每个色号都是经过精心调配的，无论是日常妆容还是派对妆容，都能完美搭配。
> 画面：展示各个色号，并逐一试色。

主播：我个人特别喜欢这个［某色号］，它非常适合春夏季节，涂上后整个人都变得活力满满！而且它的滋润度真的超好，一点都不干，就像给嘴唇涂了一层滋润霜一样。

画面：展示口红质地和使用后的效果。

［优惠活动介绍］

主播：好啦，我知道大家最关心的还是价格问题。这款口红原价是188元，但今天在我们的直播间，只要158元哦！而且前100名购买的宝贝们，还会获得价值30元的小礼品一份！数量有限，手慢无哦！

画面：展示活动价格、倒计时及购买链接。

主播：赶紧点击屏幕下方的购买链接，跟随我一起变美吧！哦对了，记得先点关注哦，这样就不会错过我们下次的精彩直播了！

画面：引导观众关注、点赞、分享直播间。

［互动环节］

主播：好啦，现在我们来个小互动吧！在直播间留言告诉我你最喜欢的口红色号，并分享你最喜欢这个色号的原因，我会抽取几位幸运儿送出我们的小礼品哦！

画面：等待观众留言，并随机抽取幸运观众。

主播：恭喜［幸运观众姓名］获得我们的小礼品一份！请私信我你的联系方式和地址，我们会尽快为你寄出哦！

［结束］

主播：时间过得真快，转眼间今天的直播就要结束了。非常感谢大家的陪伴和支持！如果你还没有下单的话，记得要抓紧时间哦！下次直播我们会有更多精彩内容和优惠活动等着大家，敬请期待！

主播（挥手道别）：好啦，宝贝们，我们下次再见啦！记得每天都要开心哦！再见啦！

背景音乐：逐渐降低音量，为直播结束营造温馨氛围。

6.4.2　AI 模型在直播带货脚本生成中的应用

AI模型是指通过运用数学、统计、计算机科学和机器学习等领域的方法，对具有一定规律性和可预测性的数据进行分析、处理、预测和优化的数学模型。这种模型是AI技术的核心，用于实现AI技术的预测、识别等功能，也是AI技术不同于其他计算机技术的地方。

AI模型具有数据驱动和自主学习的特点，能够基于大量的训练数据和算法，自动从输入数据中学习和提取特征，并根据学习到的知识进行决策和预测。这些模型通常结合数据挖掘、深度神经网络、数值优化等算法层面的技术来实现其主要功能。

AI模型可以基于用户的历史观看记录、购买行为、互动数据等，分析用户的兴趣偏好和需求，并生成个性化的推荐脚本。此外，AI模型还可以结合图像、语音等多模态数据，生成更加丰富和生动的直播脚本。

例如，一家美妆品牌决定利用AI技术来提升其直播带货的效果。他们收集了大量的用户购买和浏览数据，并训练了一个个性化推荐模型。

在直播开始前，AI模型根据用户的购买历史和浏览行为，为他们生成了个性化的美妆产品推荐清单。直播过程中，主播根据这些推荐清单，有针对性地展示和介绍产品，同时利用AI模型实时监测观众的情感反馈，调整讲解方式和互动环节，以提高观众的参与度和购买意愿。

通过利用AI模型进行个性化推荐和实时反馈调整，该美妆品牌的直播带货销售额比传统方式提高了30%，并且观众满意度也大幅提升。

6.4.3　AI实时调整与优化直播带货脚本

AI模型可以通过自然语言处理、机器学习和大数据分析等技术，对直播带货脚本进行优化。具体来说，AI可以分析观众的行为和反馈，了解他们对不同产品和话术的兴趣和反应，然后基于这些信息调整脚本，使其更加吸引观众并提高转化率。

例如，AI可以识别出哪些词汇或句子能够引起观众的共鸣，哪些描述方式更能突出产品的卖点，以及哪些互动环节能提升观众的参与度。基于这些分析，AI可以自动调整脚本，使其更加符合观众的需求和喜好。

此外，AI还可以实时监测直播过程中的数据，如观众的观看时长、点赞数、评论数等,当某个环节的数据表现不佳时,AI可以迅速识别并自动调整后续的脚本内容,以优化直播效果。

例如,某知名时尚品牌决定通过直播带货来推广其最新系列的服装和配饰,希望利用AI技术来优化其直播带货脚本,提高观众的参与度和转化率。实施过程如图6-4所示。

- 数据收集与分析:首先,品牌收集了大量关于目标受众的数据,包括他们的购物历史、浏览行为、搜索关键词等。然后,利用AI模型对这些数据进行分析,以识别出受众的兴趣偏好、购买习惯及他们最喜爱的内容类型和风格。

图6-4 AI技术优化直播带货脚本的过程

- AI生成初步脚本:基于上述分析,AI模型生成了一份初步的直播带货脚本。这份脚本不仅包含了产品介绍、穿搭建议、优惠活动等内容,还针对不同类型的受众设计了不同的互动环节和话术风格。

- 实时反馈与调整:在直播过程中,AI模型实时监测了观众的反馈和数据指标,如观看时长、点赞数、评论数等。当发现某个环节的观众参与度较低时,AI模型会自动调整后续脚本,如增加更具吸引力的产品介绍、调整话术风格或增加互动环节。

- 个性化推荐:AI模型还会根据用户的实时反馈和行为数据,为他们推荐适合他们的产品。例如,如果用户在直播过程中点赞了某款服装或表达了购买意向,AI模型会自动向他们发送个性化的推荐信息,引导他们进一步了解和购买该产品。

通过使用AI优化后的直播带货脚本,该时尚品牌的直播带货活动取得了显著的成功。观众的参与度和转化率都得到了大幅提升,尤其是在针对特定受众群体的互动环节和个性化推荐方面,效果尤为明显。同时,用户也获得了更加个性化、精准化的购物体验。

6.5 案例实战:使用文心一言设计直播带货脚本

直播带货已成为电商领域的新宠,一场成功的直播往往需要一份精心策划的脚本作为支撑。文心一言作为一款先进的语言模型,能够帮助主播们快速生成内容丰富、逻辑清晰的直播带货脚本。下面我们将通过一个综合案例来展示如何使用文心一言来写直播带货脚本。

1. 确定直播主题与商品

主播小明计划进行一场以"秋日新品大赏"为主题的直播带货。他选择了若干款秋季新品作为推荐商品,包括服装、鞋履、配饰等。小明首先对这些商品进行了深入的了解,并确定了直播的主题和定位。

2. 使用文心一言生成脚本大纲

小明将直播主题、商品名称及特点等信息输入文心一言中,要求模型根据这些信息生成一份直播带货脚本的大纲。

> 提问:
> 主播小明计划进行一场以"秋日新品大赏"为主题的直播带货,秋季新品包括服装、鞋履、配饰等。请为这场直播设计脚本大纲。

> 回答:
> 秋日新品大赏直播脚本大纲
> 一、开场与预热
> 主播小明准时上线,热情地向观众问好,介绍直播主题——秋日新品大赏。
> 简短介绍今天的直播内容,包括将要展示的秋季新品系列,以及优惠活动等信息。
> 提醒观众关注直播间,分享直播链接,增加直播间人气。
> 二、新品展示——服装篇
> 引入服装新品,介绍设计理念及材质特点。
> 逐一展示新款外套、衬衫、针织衫等,注重细节描述,如颜色、剪裁、

面料等。

邀请模特或工作人员试穿，展示穿搭效果，提供搭配建议。

实时回答观众提问，解答关于尺码、材质、价格等的问题。

三、新品展示——鞋履篇

过渡到鞋履新品展示，介绍秋季流行趋势及新品特点。

展示新款靴子、运动鞋、平底鞋等，强调舒适度与时尚感。

搭配服装，展示整体造型效果。

解答观众关于鞋码、材质、价格等的问题。

四、新品展示——配饰篇

引入配饰新品，强调配饰在整体造型中的重要性。

展示新款围巾、帽子、包包等，注重颜色搭配与款式选择。

提供搭配建议，展示如何与服装、鞋履搭配出时尚造型。

解答观众关于配饰材质、价格等的问题。

五、互动环节

设置抽奖活动，鼓励观众参与互动，提高直播间的活跃度。

邀请观众分享自己的秋日穿搭心得，挑选优秀分享内容，送出小礼品。

开展限时折扣活动，刺激观众购买欲望。

六、直播尾声

总结今天的直播内容，强调新品特点及优惠活动。

感谢观众的支持与参与，鼓励观众关注后续直播。

提醒观众在直播间内下单享受优惠，并告知发货及售后的相关信息。

主播小明告别观众，结束直播。

为了得到更为具体的脚本，小明再次用文心一言对脚本进行了拓展，得到了一份包含开场白、商品介绍、互动环节、结束语等内容的脚本大纲。

> 提问：
>
> 请对上述直播脚本进行拓展。

> 回答：
>
> 秋日新品大赏直播脚本大纲（拓展版）

一、开场与预热

1. 主播开场

主播小明微笑上线,热情地向观众打招呼:"大家好,我是小明,欢迎来到我的直播间!今天,我们有一个特别的主题——秋日新品大赏!"

简短介绍个人感受:"秋天的气息越来越浓了,我也忍不住想给大家分享一些秋季的新品。每一件都是我精挑细选的,希望大家会喜欢。"

2. 直播内容预告

"今天,我们不仅有各种新款服装、鞋履,还有超美的配饰等着大家。而且,我还准备了一些特别的优惠活动和互动环节,希望大家都能参与进来。"

提醒观众:"别忘了点下关注,这样就不会错过我们的任何一场精彩直播了!"

3. 直播间氛围营造

播放轻松愉快的背景音乐,营造舒适的购物环境。

展示直播间的装饰,如秋季元素的布景、鲜花等,增强视觉体验。

二、新品展示——服装篇

1. 设计理念介绍

"首先,让我们来看看这些服装新品。每一款都是根据今年秋天的流行趋势和我们团队的设计理念打造的,力求为大家带来最时尚、最舒适的穿着体验。"

2. 详细展示与试穿

逐一展示新款外套:"这款外套采用了高级羊毛混纺面料,既保暖又轻盈。看看这剪裁,多显身材啊!"

邀请模特试穿衬衫、针织衫等:"大家看,模特穿上是不是特别有气质?这款衬衫的颜色柔和,适合各种场合穿着。"

3. 材质与细节解析

"大家可能注意到了,这款针织衫的领口和袖口都采用了特别的工艺,不仅增加了美观度,还提高了穿着的舒适度。"

强调面料的透气性、柔软度等特性,让观众更了解产品。

4. 实时互动与解答

在展示过程中,随时注意弹幕和评论区,及时回答观众关于尺码、材质、价格等的问题。

鼓励观众分享自己的穿搭心得，挑选优秀分享内容，送出小礼品。

三、新品展示——鞋履篇

1. 流行趋势分析

"接下来，我们来看看鞋履新品。今年的秋天，复古风和简约风都非常流行，我们的新品也融入了这些元素。"

2. 款式与舒适度展示

展示新款靴子："这款靴子采用了防滑耐磨的鞋底，即使在雨天也能稳稳当当。而且，内里的绒毛设计非常保暖。"

试穿运动鞋、平底鞋等，强调舒适度："大家看，这款运动鞋的鞋底非常柔软，长时间穿着也不会累脚。"

3. 搭配建议

根据展示的鞋履，提供与服装的搭配建议，让观众更直观地了解整体造型效果。

四、新品展示——配饰篇

1. 强调配饰的重要性

"配饰虽小，但往往能起到画龙点睛的作用。一个合适的配饰，能让你的整体造型更加出彩。"

2. 款式与材质展示

展示新款围巾、帽子等："这款围巾采用了纯棉材质，触感柔软舒适，颜色也非常百搭。"

强调配饰的实用性："这款包包不仅外观时尚，而且容量也很大，非常适合日常出行。"

3. 搭配技巧分享

根据展示的配饰，分享如何与服装、鞋履搭配出时尚造型的技巧。

五、互动环节

1. 抽奖活动

"感谢大家的观看，现在我们来进行一个抽奖活动！只要在弹幕中打出'秋日新品'，就有机会赢取我们的新品哦！"

2. 观众分享与互动

邀请观众分享自己的秋日穿搭心得，挑选优秀分享内容，送出小礼品。

鼓励观众在直播间内提问或发表看法，增加互动性和参与感。

3. 限时折扣活动

"为了感谢大家的支持，我们现在推出限时折扣活动！前××名下单的观众还可以享受额外的优惠哦！"

六、直播尾声

1. 总结与感谢

总结今天的直播内容："今天，我们一起欣赏了这么多秋季新品，希望大家都能找到自己喜欢的款式。"

感谢观众的支持与参与："非常感谢大家的观看和互动，希望下次直播还能见到大家！"

2. 购买与售后信息提醒

提醒观众在直播间内下单享受优惠："大家如果有喜欢的款式，记得在直播间内下单哦，这样还能享受我们的特别优惠！"

告知发货及售后的相关信息："我们会尽快为您发货，如果有任何售后问题，也可以随时联系我们。"

小明仔细阅读了这份大纲，并根据自己的直播风格和需求进行了适当的调整和优化。

3. 完善脚本内容并添加细节

小明根据大纲中的商品介绍部分，结合商品的特点、优势、使用方法等信息，使用文心一言辅助撰写了详细的商品介绍。他注重突出商品的独特性和优势，同时用生动、有趣的语言吸引观众的注意力。

> 提问：
> 针对直播中的一款"针织衫"，撰写详细的商品介绍，包括这款针织衫的特点、优势、适用场景、使用方法等。

> 回答：
> 商品介绍——秋日新品针织衫
> 一、产品特点
> 这款针织衫是我们秋日新品系列中的一款重点产品，以其独特的设计和

优质的面料赢得了广大消费者的喜爱。

优质面料：采用高支数的纯棉面料，触感柔软舒适，穿在身上仿佛被云朵轻轻包裹。

精致工艺：采用先进的针织技术，针脚细密均匀，不易脱线变形，确保了衣物的耐用性。同时，独特的针织纹理设计，使整件衣物更加时尚有型。

经典款式：简约而不失优雅，无论是搭配裙子还是裤装，都能展现出不同的魅力。

多种颜色可选：我们提供了多种流行色供您选择，无论是日常穿搭还是出席重要场合，都能找到合适的颜色。

二、产品优势

保暖性强：针织衫的材质具有良好的保暖性能，秋季早晚温差大，穿上这款针织衫，既能抵御清晨的凉意，又能应对午后的阳光。

透气性好：纯棉面料具有良好的透气性，即使在微热的秋季，也能保持干爽舒适，不易出汗。

百搭：这款针织衫的款式简约大方，无论是搭配牛仔裤还是半身裙，都能展现出不同的风格，是秋日衣橱的必备单品。

性价比高：我们注重品质与价格的平衡，这款针织衫在保证了品质的同时，也保持了合理的价格，让您轻松拥有高品质的穿搭体验。

三、适用场景

日常穿搭：无论是上班通勤还是休闲逛街，这款针织衫都能轻松搭配出时尚感，成为您日常穿搭的得力助手。

约会聚会：搭配一款优雅的半身裙或长裤，这款针织衫能让您在约会或聚会上焕发出迷人的光彩。

办公场合：简约大方的设计，使这款针织衫成为办公场合的理想选择，既能展现您的专业形象，又不失时尚感。

四、使用方法

洗涤建议：建议手洗或轻柔机洗，使用中性洗涤剂，避免使用漂白剂。洗涤后轻轻拧干，平铺晾干，避免阳光直射。

熨烫与存放：如需熨烫，请使用低温熨烫，避免熨烫图案部分。存放时请避免折叠，最好挂在衣柜中，以保持衣物形状。

搭配建议：可根据个人喜好和场合需求，搭配不同的裤装或裙装。建议搭配同色系或相近色系的单品，以营造整体协调的视觉效果。

这款秋日新品针织衫优质的面料、精致的工艺和时尚的设计，定能为您的秋日穿搭增添一抹亮色。快来选购吧，让这款针织衫陪伴您度过一个温暖的秋天！

为了增加直播的互动性，小明在脚本中设计了多个互动环节，如抽奖、问答等。他利用文心一言的创意生成功能，为这些环节提供了有趣的问题和话题，以激发观众的参与热情。

> 提问：
> 请在这场直播中设计抽奖和问答等多个互动环节，以激发观众的参与热情。

回答：
秋日新品大赏直播带货脚本大纲
一、开场与互动预热
打招呼与自我介绍：主播小明热情洋溢地向观众问好，并简短介绍直播主题和今日亮点。
抽奖预热：主播提前告知观众，直播中会有多次抽奖环节，奖品丰富，鼓励观众积极参与互动。
二、新品展示与问答互动
1. 服装篇
新品概览与展示：主播详细介绍秋季新款服装的材质、设计特点等，同时邀请模特试穿展示。
问答互动一：主播提出关于服装搭配、材质选择等问题，观众在弹幕或评论区回答。回答正确的观众将获得积分或小礼品。
2. 鞋履篇
新品鞋履介绍：主播展示新款鞋履，强调舒适度、时尚度等卖点。
问答互动二：主播邀请观众分享自己的鞋履搭配心得，或提问观众关于鞋履的选购建议。参与互动的观众有机会获得小礼品。

3. 配饰篇

新品配饰展示：主播介绍新款配饰，如围巾、帽子、包包等，并给出搭配建议。

搭配挑战互动：主播发起搭配挑战，邀请观众晒出自己的秋日穿搭，并分享到直播间或指定社交平台。评选出最佳搭配送出大奖。

三、抽奖环节

抽奖规则介绍：主播详细介绍抽奖规则，包括参与方式、奖品设置等。

抽奖进行：主播使用抽奖软件或随机选择弹幕进行抽奖，公布中奖观众名单。同时，鼓励未中奖的观众继续参与后续互动。

四、结尾与预告

总结回顾：主播回顾今日直播亮点，强调新品特色与互动环节的精彩瞬间。

感谢观众：主播感谢观众的观看与参与，鼓励大家关注并分享直播间。

预告下次直播：主播简短介绍下次直播的主题与时间，提前预热并邀请观众准时参与。

互动环节注意事项：

主播在直播过程中要保持热情与耐心，积极回应观众的提问与参与；

抽奖环节要确保公平公正，遵守相关法律法规，避免产生纠纷；

问答互动环节的问题要具有针对性与趣味性，能够激发观众的参与热情；

搭配挑战互动要提供明确的参与方式与评选标准，确保活动的顺利进行。

4. 模拟演练与调整

在正式直播前，小明按照脚本进行了多次模拟演练。他注意控制语速、语调和语气，确保能够按照脚本流畅地进行直播。同时，他还根据模拟演练的情况对脚本进行了进一步的调整和优化。

为了获取更真实的反馈，小明邀请了同事或朋友作为观众观看他的模拟直播，并提供意见和建议。他根据这些反馈对脚本进行了有针对性的修改和完善。

5. 正式直播实施

在正式直播时，小明按照完善后的脚本进行直播带货。他结合商品的特点和观众的需求，用生动、有趣的语言进行介绍和推荐。同时，他还通过互动环节和抽奖活动激发了观众的参与热情，营造了热烈的直播氛围。直播结束后，小明对本次直播的效果进行了总结和分析，以便为未来的直播带货积累经验。

通过这个综合案例，我们可以看到文心一言在写作直播带货脚本方面的强大功能。它能够帮助主播们快速生成内容丰富、逻辑清晰的脚本大纲，并提供创意和灵感。主播们可以根据自己的需求和风格进行完善和调整，最终呈现出一份高质量的直播带货脚本。这将有助于提升直播的效果和观众体验，为主播们带来更多的商业机会和收益。

【点拨】AI 生成直播带货脚本的优缺点

借助 AI 确实可以快速生成直播带货脚本，但也存在缺乏真实性和人情味、灵活性不足及依赖数据等缺点，下面分别讲解 AI 生成直播带货脚本的优缺点。

1. 优点

- 高效性与成本效益：AI 可以迅速生成脚本，大大节省了时间和人力成本。例如，在广告行业，一般需要花费数天甚至数周来策划和撰写广告脚本，而 AI 工具可以在几分钟内完成这个任务，极大地提高了工作效率。

- 一致性与标准化：AI 生成的脚本在风格和结构上具有一致性，这对于需要统一品牌形象的公司非常有用。例如，一个连锁餐厅可以使用 AI 来确保其所有分店的广告脚本都保持相同的风格和信息传递方式，从而加强顾客的品牌认知。

- 数据驱动与精准定位：AI 可以根据大量数据来生成脚本，确保内容更加精准地符合目标受众的喜好。例如，一个电商平台可以通过分析用户的购买历史和浏览行为，利用 AI 生成个性化的推荐脚本，从而提高转化率。

2. 缺点

- 缺乏创意与个性化：虽然AI可以生成符合要求的脚本，但往往缺乏独特的创意和个性化表达。例如，在创作电影或电视剧脚本时，AI可能难以像人类编剧那样创造出引人入胜的故事情节和角色发展。
- 语境理解与情感表达的局限：AI在理解复杂语境和情感表达方面仍存在局限。例如，在撰写感人至深的演讲稿时，AI可能无法像人类作者那样深入挖掘情感细节，导致演讲缺乏感染力。
- 对输入数据的依赖：AI生成脚本的质量很大程度上取决于输入数据的数量和质量。如果输入数据有限或存在偏差，那么生成的脚本可能也会受到限制和影响。例如，在训练AI编写特定领域的专业脚本时，如果缺乏足够的高质量数据，那么生成的脚本可能难以达到专业标准。

需要注意的是，以上优缺点并不是绝对的，随着AI技术的不断发展和改进，一些缺点可能会逐渐得到克服。同时，在实际应用中，可以通过结合人类的知识和判断来弥补AI在某些方面的不足，从而充分发挥其在脚本写作中的潜力。

第7章 AI 数字人直播带货营销策略

在数字化浪潮的推动下,AI 数字人直播带货已成为营销领域的新蓝海。本章深入剖析精准营销在直播带货中的核心作用,揭示如何通过大数据分析消费者行为,进而实现个性化推荐与定制化服务,大幅提升转化率与用户黏性。我们将进一步探讨直播带货的精准营销策略,包括精准定位目标客群、构建差异化内容矩阵及优化直播互动体验,力求打造高效转化的营销闭环系统。

此外,本章还详细解析了直播带货的多元化推广策略,通过整合社交媒体、短视频平台的强大传播力,以及 KOL 合作等多元渠道,实现品牌影响力的迅速扩张。同时,创新性地引入组合产品营销策略,通过产品搭配与场景化展示,激发消费者的购买欲望。尤为重要的是,我们将聚焦 AI 技术在精准营销与推广中的前沿应用,如智能客服、情感识别与预测分析,展现 AI 如何为直播电商赋能,开启营销新纪元。

最后,本章将通过实战案例介绍如何使用文心一言等 AI 工具,撰写出既具吸引力又深入人心的直播带货推广文案。

通过本章的学习,我们将掌握 AI 数字人直播带货的全方位营销策略,包括精准定位、内容创新、多渠道推广、产品组合优化以及 AI 技术赋能的实战技巧,为在竞争激烈的直播电商市场中脱颖而出奠定坚实基础。

7.1 精准营销的作用

精准营销在直播中起到了至关重要的作用。通过准确定位受众、提供个性化体验、提高广告效果、增强品牌认知等方式,直播平台可以更好地满足观众需求,提高用户满意度和忠诚度,从而实现更高的商业价值。

1. 准确定位受众

直播平台可以通过用户画像、数据分析等方式,识别并锁定其目标受众。例如,如果直播内容是关于时尚穿搭的,那么目标受众可能是对时尚感兴趣的年轻人。

通过精准定位,直播平台可以确保其内容、广告和推广活动能够准确地触达这些受众,避免资源的浪费。

2. 提供个性化体验

在直播中,观众可以根据自己的兴趣选择观看的内容,而精准营销与推广可以进一步提供个性化的推荐。例如,基于观众之前的观看历史和偏好,推荐与其兴趣更相关的直播内容。

这种个性化体验不仅能提高观众的满意度,还能增加其观看时长和互动频率。

3. 提高广告效果

在直播中插入广告是一种常见的盈利方式。但如果广告与直播内容不相关或与观众兴趣不符,可能会导致观众的反感。

通过精准营销,直播平台可以确保广告与直播内容的相关性,以及广告与观众兴趣的匹配度,从而提高广告的点击率和转化率。

4. 增强品牌认知

精准营销与推广可以帮助直播平台建立和维护品牌形象。通过持续地向目标受众传递一致的品牌信息和价值观,直播平台可以增强观众对品牌的认知和忠诚度。

当观众对某一直播平台的品牌有良好认知时,他们更可能选择该平台进行观看和参与，从而为该平台带来更多的流量和收益。

5. 优化资源配置

通过精准营销与推广，直播平台可以更有效地分配其推广资源。例如，根据观众的兴趣和需求，选择最合适的推广渠道和方式，以最大化推广效果。这不仅有助于直播平台提高投资回报率，还有助于其在竞争激烈的市场中保持领先地位。

罗永浩的抖音直播首秀在2020年4月1日晚8时进行，整场直播持续了3小时。这场直播是一场备受瞩目的电商盛事，如图7-1所示，当场直播支付交易总额超过1.1亿元，直播累计观看人数超过4800万。

以下是关于罗永浩直播带货首秀中精准营销的细节讲解。

图7-1 罗永浩的抖音直播首秀部分数据

- 明确的目标受众定位：在直播开始之前，罗永浩团队通过市场调研、数据分析等手段，明确了目标受众主要是科技爱好者、年轻消费者及对新产品有需求的群体。这种明确的定位有助于确保直播内容和产品的选择能够精准触达潜在消费者。

- 精心策划的产品选择：罗永浩团队根据目标受众的需求和兴趣，精心挑选了一系列智能手机、电子产品等科技产品作为直播推广的重点。这些产品不仅品质优良，而且具有创新性和市场潜力，能够吸引消费者的关注。

- 创新的直播形式：与其他主播不同，罗永浩采用了创新的PPT式直播卖货方式。他用一块块写好产品文案的小板替代了传统的PPT，既能够让体现产品关键价值的文案更容易被记住，又能够通过示意图更直观地展示产品功能。这种创新形式提升了直播的趣味性和互动性,增强了观众的参与感。

- 利用明星和网红助阵:罗永浩邀请了多位明星和网红参与直播,增加了直播的吸引力和互动性。这些明星和网红不仅在社交媒体上拥有大量粉丝,而且与罗永浩有着良好的合作关系,能够为直播带来更多的流量和关注度。
- 互动式的营销手段:在直播过程中,罗永浩不断与观众进行互动,回答观众的问题,提供了各种优惠活动和赠品。这种互动式的营销手段不仅拉近了他与观众的距离,还激发了观众的购买欲望。同时,罗永浩还通过限时抢购、发放优惠券等手段刺激消费者下单购买。
- 数据驱动的决策优化:罗永浩团队在直播过程中密切关注观众反馈和数据分析结果,根据实时数据调整直播内容和策略。例如,根据观众的购买习惯和兴趣偏好调整产品推荐顺序、增加或减少互动环节等。这种数据驱动的决策优化有助于提高直播的转化率和用户体验。

以上细节共同构成了罗永浩直播带货首秀成功的关键要素,也为其他直播带货活动提供了借鉴和启示。

7.2 直播带货的精准营销策略

精准营销可以促进目标客户的购买欲望,从而实现营销目标。对于直播带货而言,精准营销策略能够确保主播向具有潜在购买意愿的观众推广产品,提高营销效果和转化率。其主要内容包括目标受众定位、内容创意与设计、互动参与度的提升,以及数据分析与优化等。

7.2.1 目标受众定位

通过深入了解目标受众的需求、兴趣和行为特点,可以制定更加精准有效的营销策略,提高营销效果、用户体验等。目标受众定位在直播精准营销中的重要性如图7-2所示。

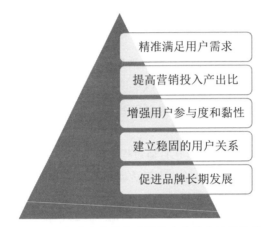

图7-2 目标受众定位在直播精准营销中的重要性

1. 精准满足用户需求

当直播团队明确了目标受众后,就可以深入了解这些用户的需求、兴趣和行为模式了。这意味着直播内容可以更加贴近用户的真实需求,提供用户真正感兴趣的信息和产品。

例如,如果目标受众是年轻时尚的女性,那么直播内容可以围绕时尚穿搭、美妆护肤等话题展开,同时推荐符合这一群体品位的产品。

2. 提高营销投入产出比

通过精准定位目标受众,直播团队可以更加准确地投放营销资源和预算。这意味着资源不会被浪费在对产品不感兴趣或不是目标受众的用户身上,而是更加集中地投入那些最有可能产生购买行为或参与互动的用户身上。这样不仅可以提高营销的效率,还可以降低成本,提高投入产出比。

3. 增强用户参与度和黏性

当直播内容符合目标受众的兴趣和需求时,这些用户会更加愿意参与直播互动,如评论、点赞、分享等。用户的高度参与不仅可以活跃直播间的氛围,还可以增强用户对直播平台的黏性。当用户觉得直播平台能够为他们提供有价值的信息和娱乐时,他们会更愿意持续关注和参与。

4. 建立稳固的用户关系

通过精准定位目标受众并持续提供符合他们需求的内容和产品，直播团队可以与目标受众建立起稳固的关系。这种关系不仅可以让用户更加信任和依赖直播平台，还可以为未来的营销活动打下良好的基础。当用户与直播平台建立起深厚的情感联系时，他们更可能成为品牌的忠实粉丝，为品牌带来持续的价值。

5. 促进品牌长期发展

精准的目标受众定位不仅有助于当前的直播营销活动取得成功，还可以为品牌的长期发展奠定坚实的基础。通过深入了解目标受众并持续满足他们的需求，品牌可以建立起稳固的市场地位和用户基础。这不仅可以提高品牌的知名度和美誉度，还可以为品牌带来持续的增长和盈利机会。

以知名健身教练和网红"帕梅拉·莱孚"（Pamela Reif）为例，她在抖音上的账号主要以发布健身课程、健康食品和美容相关的内容为主，她的专业指导和成功案例吸引了大量健身爱好者的关注和喜爱。截至2024年3月，该账号已收获1600多万粉丝关注，如图7-3所示。

帕梅拉的健身直播视频在目标受众定位方面做得非常出色，具体体现在以下几个方面。

图 7-3　帕梅拉·莱孚抖音账号首页

- 精准满足健身爱好者需求：帕梅拉的直播内容主要围绕高强度间歇训练（HIIT）、有氧运动、瑜伽等健身活动。她的目标受众主要是有一定健身基础、追求高效健身效果的年轻人。通过深入了解这些受众的需求和兴趣，帕梅拉能够制定符合他们需求的健身计划，并在直播中详细讲解动作要领、训练技巧等，满足他们对健身知识和技能的渴望。

- 提高健身内容的传播效率：由于帕梅拉明确了目标受众是健身爱好者，她在选择直播内容和形式时也非常有针对性。她通常会设计一些短小精悍、高效燃脂的健身课程，适合忙碌的都市人在有限的时间内进行锻炼。这种精准的内容定位不仅吸引了大量目标受众的关注，还提高了健身内容的传播效率，让更多的人了解并参与到健身活动中来。
- 增强用户参与度和黏性：在直播过程中，帕梅拉非常注重与观众的互动。她会鼓励观众在直播间提问、分享自己的健身成果和心得，并及时回复观众的评论和私信。这种很高的用户参与度不仅让观众感受到了帕梅拉的热情和专业，还增强了他们对直播内容的黏性。许多观众甚至会定期等待帕梅拉的直播，与她一起进行健身训练，形成了稳固的健身社群。
- 建立个人品牌形象和口碑：通过持续提供高质量的健身内容和专业的指导，帕梅拉在她的目标受众中建立了良好的个人品牌形象和口碑。她的直播内容被广泛传播和分享，吸引了更多的潜在受众加入她的健身社群。这种稳固的用户基础和口碑效应为帕梅拉带来了更多的商业合作机会和收入来源。
- 促进健身产业的长期发展：帕梅拉的精准营销不仅有助于她个人的品牌发展，还对整个健身产业产生了积极的影响。她的直播内容推广了健身文化和生活方式，提高了大众对健身的认识和重视。同时，她的专业指导和成功案例也激发了更多人参与健身的热情和信心，为健身产业的长期发展注入了新的活力。

7.2.2 内容创意与设计

直播内容的创意与设计在吸引观众、提高转化率及增强用户黏性等方面都具有重要的作用。因此，在进行直播营销时，我们需要注重对创意与设计的投入，从目标受众的需求出发，策划出独特、有趣且富有价值的直播内容，以吸引并留住观众，实现营销目标。直播内容的创意与设计可以从两点出发，如图7-4所示。

图 7-4 直播内容的创意与设计要点

1. 创意的激发

创意的灵感往往来源于对市场趋势、观众兴趣、社会热点的敏感捕捉。为了激发创意,直播团队需要保持与市场的紧密联系,不断吸收新的信息和观念。同时,也需要团队内部的想法碰撞与讨论,通过集思广益来产生新的点子。

以某服装品牌为例,他们发现近年来复古风格在年轻人中非常流行,于是决定在直播中推出一系列复古风格的服装,并邀请了一位妆造具有复古风格的主播。在直播中,主播不仅展示了如何搭配这些复古风格的服装,还分享了复古风格的起源、发展及如何在日常生活中应用复古元素,如图 7-5 所示。这种结合市场趋势和观众兴趣的内容设计,使直播充满了创意和新鲜感。

图 7-5 某服装品牌直播间截图

2. 创意与实用性的平衡

创意是指内容的独特性和新颖性,能够吸引观众的眼球并激发他们的兴趣。实用性则是指内容对观众的实际价值,即观众能否从中获得有用的信息或技能。在设计直播内容时,我们需要找到这两者的平衡点,既要让内容有趣吸引人，又要确保观众能够从中获得实际的好处。

例如，某化妆品牌的直播教学中，主播首先展示了如何使用该品牌的化妆品完成一款流行的妆容。她详细介绍了每个步骤和技巧，并解释了为什么选择这些产品来完成这个妆容，如图7-6所示。同时，她还与观众进行了互动，回答了他们的问题，并分享了一些化妆的小窍门。

这个直播内容既具有创意又实用。在创意方面，主播通过展示流行的妆容和提供化妆技巧来吸引观众的兴趣。在实用性方面，观众从中学到了如何使用该品牌的化妆品来完成妆容，并获得了有价值的化妆技巧。

此外，该化妆品牌还在直播中穿插了产品的介绍和购买链接，让观众能够方便地购买所需的产品。这种将产品与直播内容相结合的策略，不仅提高了品牌的曝光度，增强了观众对品牌的认知度和好感度，还促进了产品的销售，实现了精准营销的目标。

在设计直播内容时，可以借鉴这种策略，确保内容既有趣又实用，以满足观众的需求并提升营销效果。

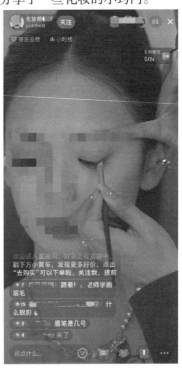

图7-6　某化妆品牌的直播教学

7.2.3　互动参与度的提升

直播间的高互动意味着观众对直播内容有很高的兴趣，愿意积极参与并表达自己的观点和意见。这通常表现为观众在弹幕或聊天区域中频繁发表评论、提问或分享自己的看法，以及积极参与直播间的互动游戏、抽奖等活动。高互动对于直播间来说非常重要，因为它可以带来多方面的好处。

首先，高互动可以增加直播间的活跃度，使直播更加生动有趣。当观众积极参与互动时，他们会感到更加投入和满足，从而更愿意继续观看直播并分享给朋友。

其次，高互动可以提高直播间的曝光度和影响力。当观众在直播间中发表评论或分享直播内容时，会吸引更多潜在观众进入直播间，从而增加直播间的观众数量和观看时长。这有助于提升主播的知名度和影响力，为其带来更多的粉丝和商业机会。

最后，高互动还有助于建立主播与观众之间的紧密联系。当主播积极回应观众的评论和问题并与他们建立联系时，观众会感到更加被重视，从而更加忠诚于主播和直播间。这种紧密的联系可以增加观众的黏性和重复访问率，为直播间带来持续的人气和流量。

因此，直播间的高互动意味着观众对直播内容的兴趣和参与度都很高，这对于提升直播间的活跃度、曝光度、影响力和观众黏性都非常重要。主播应该通过提供有趣的内容、设置互动环节、积极回应观众等方式来鼓励观众参与互动，从而打造一个更加活跃、有趣和有价值的直播间。

提升直播间互动的具体方案如表7-1所示，主要包括增加互动环节、增加观众参与感等。

表7-1 提升直播间互动的具体方案

方案名称	细分方案	具体内容
增加互动环节	问答环节	主播可以定期设置问答环节，让观众通过弹幕或聊天区域提问，主播进行回答。这不仅能增加互动，还能帮助主播更好地了解观众的需求和兴趣
	投票环节	进行观众投票，让观众参与到直播内容的决策中，如选择下一个要展示的产品、决定直播间的背景音乐等
运用游戏和竞赛	互动游戏	设计一些简单的互动游戏，如猜谜语、接龙等，观众可以通过弹幕或聊天区域参与，答对者可以获得小礼品或优惠券等奖励
运用游戏和竞赛	竞赛挑战	举办一些有奖竞赛，如最美妆容、最佳穿搭等，鼓励观众积极参与并分享自己的作品，提高互动和参与度

续表

方案名称	细分方案	具体内容
增加观众参与感	个性化互动	尽可能多地提及观众的名字,回应他们的评论和反馈,让观众感受到被重视
	采纳观众建议	鼓励观众提出对直播内容的建议,并适时采纳他们的建议,让他们感受到自己的参与对直播有实质性的影响
社交媒体与直播联动	跨平台互动	利用其他社交媒体平台宣传直播内容,并引导观众进入直播间参与互动。例如,在微博、抖音等平台发布直播预告和精彩片段
	直播分享	鼓励观众在社交媒体上分享直播链接,通过点赞、评论等方式参与互动,扩大直播的曝光度和影响力
奖励与激励机制	积分系统	建立积分系统,观众通过参与互动、分享直播等方式获得积分,积分可以兑换奖品或优惠
	定期抽奖	设置定期抽奖环节,观众参与互动即有机会获得奖品,增加观众的参与热情

以一个健身教练的直播间为例,想要提升直播间的互动水平,增加观众的参与度和黏性,提高教练的知名度和影响力,进而促进健身教学和课程推广,可以参考以下方案。

1)增加互动环节

每日挑战:设立每日健身挑战,如发布指定时间内的运动任务,鼓励观众参与并提交成绩,教练在直播中点评并给予指导。

问答环节:设置固定时间段回答观众关于健身的疑问,增加教练与观众的互动机会。

2)运用游戏和竞赛

健身打卡游戏:设计为期一周或一个月的健身打卡活动,观众每天完成指定任务并在直播间打卡,累计打卡天数最多的观众获得奖励。

观众参与竞赛:举办观众参与的健身竞赛,如最佳健身成果展示、最快进步奖等,激发观众的参与热情。

3）增加观众参与感

个性化指导：根据观众的体型、目标等提供个性化的健身建议，增强观众的归属感和满足感。

观众分享时刻：邀请观众分享自己的健身心得和变化，鼓励观众之间的交流和学习。

4）社交媒体与直播联动

社群互动：建立健身社群，引导观众在社群内交流经验，并定期分享到直播间，增加互动机会。

直播回放与分享：发布直播回放，鼓励观众在社交媒体上分享自己的健身成果和回放链接，扩大直播的影响力。

5）奖励与激励机制

健身打卡奖励：设立连续打卡奖励机制，鼓励观众持续参与直播间的健身活动。

互动积分系统：建立积分系统，观众通过参与互动获得积分，积分可兑换健身课程、装备等奖励。

7.2.4 数据分析与优化

想要提升直播间带货的转化率，必须学会数据分析，这样才能发现问题，并给出恰当的解决方案。在开始分析数据之前，需要了解直播数据的分析思路与常用分析工具等内容。

1. 直播数据的分析思路

直播数据分析是一个循序渐进的过程，并非看几项数据就简单地下定论。直播间数据分析的基本思路如图7-7所示。

第1步 确定数据分析目标。目标决定内容，所以，要先确定数据分析目标。常见的数据分析目标如下。

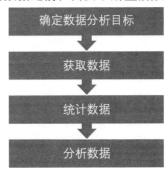

图7-7 直播数据分析思路

- 深挖直播间数据波动的原因，如数据上升或下降的具体原因。

- 通过直播数据分析有理有据地优化直播内容，从而提升直播效果。
- 通过数据规律、平台算法及用户喜好，有针对性地优化直播内容，提高直播间的各项数据。

第2步 获取数据。目前常见的获取数据的渠道包括账号后台、飞瓜数据、蝉妈妈等，后续内容中将为大家详细介绍这些渠道。

第3步 统计数据。将获取的数据进行统计、分类，目的是更方便地分析数据。例如，将两场直播的重要数据统计在Excel中并进行分类。

第4步 分析数据。分析数据需要用到一些方法，如对比分析法、特殊事件分析法等。

2. 直播数据的常用分析工具

数据获取是数据分析的前提，很多工具都可以提供数据，如账号后台、飞瓜数据、蝉妈妈等。

- 账号后台：主播可通过直播平台查看直播数据，如淘宝直播推出新版主播实时数据（网页版"智能数据助理"）工具，供主播或商家查看数据。

正在进行的直播，主播可通过PC直播中控台首页查看直播数据，如图7-8所示。

图7-8 直播中控台首页

单击直播中控台首页的"数据大屏"选项，即可进入淘宝直播的"数据大屏"页面,查看实时的直播数据,如最高在线人数、直播成交金额等数据,如图7-9所示。

图 7-9　直播中的数据

主播也可在直播结束后,打开PC直播中控台,选择"直播"→"直播管理"选项,在直播列表中,单击某场直播后面的"直播回放"和"场次重复"按钮,查看该场直播的详细数据,如图7-10所示。

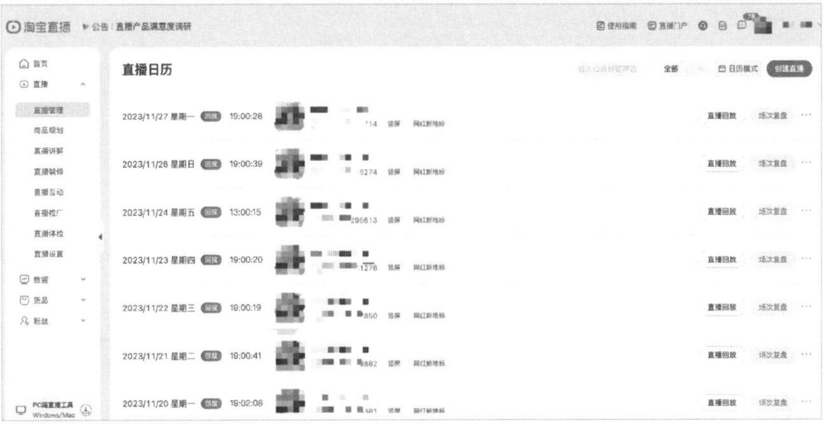

图 7-10　查看直播历史数据

无论在哪个平台直播,主播都可以通过直播平台后台或借助辅助工具查看直播数据,及时收集、分析、对比数据,发现直播中存在的问题,并及时改进。

- 飞瓜数据:一款短视频及直播数据查询的专业工具,为商家、达人、品牌方提供了多维度的抖音、快手达人榜单排名,以及电商数据、直播推广等实用功能。借用飞瓜数据查看直播数据的步骤如下。

第1步 打开飞瓜数据网站,登录账号,选择"直播"选项,如图7-11所示。

图7-11 选择"直播"选项

第2步 跳转至直播页面,输入关键词或根据条件查找直播间,如图7-12所示。

图7-12 查找直播间

第3步 单击选择一个直播间,系统自动跳转至数据页面,在直播列表中可看到该直播间的直播销售额数据，如图7-13所示。

图7-13　查看直播间销售额数据

第4步　单击选择任意一场直播，系统自动跳转至直播详情页面，在"数据概览"选项卡下可查看该场直播的人气数据、带货数据及直播趋势等，如图7-14所示。

图7-14　单场直播的"数据概览"选项卡

第5步 如果想查看观众数据,可将页面切换到"观众画像"选项卡,查看本场直播的观众分析,如观众的性别分布、年龄分布和地域分布等。图7-15所示为某场直播的性别分布和年龄分布。

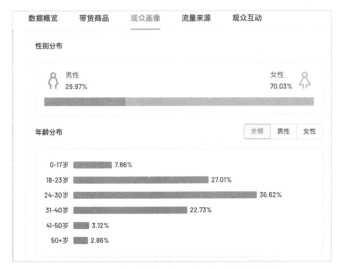

图7-15 某场直播的性别分布和年龄分布

第6步 如果想查看互动数据,可将页面切换到"观众互动"选项卡,查看本场直播的弹幕词云及商品相关弹幕等数据,如图7-16所示。

图7-16 某场直播的弹幕词云及弹幕商品需求

- 蝉妈妈:国内知名的数据分析服务平台,致力于通过大数据帮助用户实现精准营销。蝉妈妈支持找达人、爆品、直播间、素材、品牌或小店等功能。借用蝉妈妈查看直播数据的步骤如下。

第1步 打开蝉妈妈网站，登录账号，单击"直播"选项卡下的"直播库"按钮，如图7-17所示。

图7-17 单击"直播库"按钮

第2步 系统自动跳转至"直播库"页面，可根据条件搜索达人名称、直播间等，如图7-18所示。

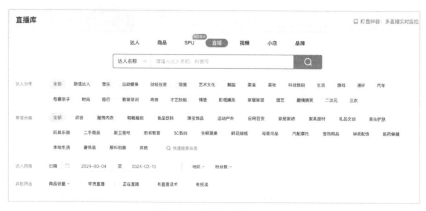

图7-18 "直播库"页面

第3步 在搜索结果页面中可看到多项直播间数据，如达人、开播时间、直播时长、人气峰值、观看人次、商品数、销售额、销量等，如图7-19所示。单击某一直播间，可查看直播间人气数据和带货数据。

直播	达人	开通时间↓	直播时长	人气峰值↓	观看人次↓	商品数	销售额↓	销量↓
抖音38大促·雅诗兰黛集团专场	贾乃亮 粉丝4,050.2w	03/08 09:07	5小时2分17秒	13.8w	652.4w	99	5000w-7500w	10w-25w
女神节，超值天团带你购精美珠宝	小北珠宝严选 粉丝213.8w	03/07 18:58	7小时4分53秒	6.6w	456.7w	123	2500w-5000w	25w-50w
董璇-艳骄三姐售后正在直播	董璇-艳骄三姐售后 粉丝121.7w	03/05 09:00	2小时56分32秒	34.6w	552.7w	35	2500w-5000w	50w-75w
8周年女神节一起宠你	新疆和田玉老郑2... 粉丝17w	03/08 12:28	5小时5分32秒	4.2w	199w	99	2500w-5000w	5w-7.5w
抖音38大促收官	贾乃亮 粉丝4,050.2w	03/08 09:58	4小时38分4秒	19.5w	781.2w	164	2500w-5000w	10w-25w
董璇-艳骄三姐售后正在直播	董璇-艳骄三姐售后 粉丝121.7w	03/05 19:40	4小时39分50秒	21.3w	724.5w	58	2500w-5000w	25w-50w
女神节，超值天团带你购精美珠宝	小北珠宝严选 粉丝213.8w	03/05 18:59	6小时51分28秒	5.7w	379.4w	127	2500w-5000w	25w-50w

图7-19　搜索结果页面

除了查看人气数据和带货数据以外，还可以进行流量分析、商品分析、观众分析，并对该场直播进行诊断。

3. 直播数据分析常用指标

在直播数据复盘的过程中，主播必须要进行数据分析，在回顾直播流程时用数据量化地总结直播表现。直播间的后续操作有很大一部分要通过数据指引方向，主播可以分析数据来制订相应的执行方案并进行测试，以优化直播数据。

以抖音直播为例，直播间数据分析的常用指标包括如图7-20所示的粉丝画像数据指标、流量数据指标、互动数据指标、转化数据指标四大类。下面以第三方数据分析工具"蝉妈妈"为例来进行介绍。

图7-20　直播间数据分析的常用指标

- 粉丝画像数据指标：包括粉丝的性别分布、年龄分布、地域分布等。通过粉丝画像数据指标分析，可以更全面地了解直播间的粉丝特征，从而提供符合其兴趣与需求的内容及商品，提高观众的下单欲望和下单金额。

例如，某抖音直播间的粉丝性别分布与年龄分布如图7-21所示。

通过对该直播间观众的性别和年龄进行分析，该直播间的观众主要是31～40岁的女性，这类人群可能对服饰、美妆等商品比较感兴趣，在选品时需要重点考虑这类商品。

- 流量数据指标：包括直播间的在线人数、进场人数、离场人数，以及累计观看人次、人气峰值和平均停留时长。图7-22为某直播间的在线流量趋势图。

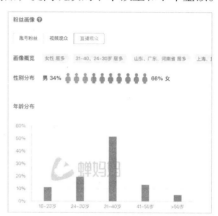

图7-21　某抖音直播间的粉丝性别分布与年龄分布

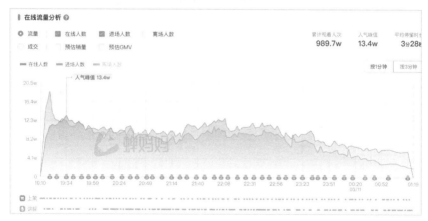

图7-22　某直播间的在线流量趋势图

- 互动数据指标：包括互动情况和弹幕热词。其中，互动情况主要是分析直播间的累计点赞数和累计评论数。图7-23为某直播间的累计点赞数和累计评论数趋势图。

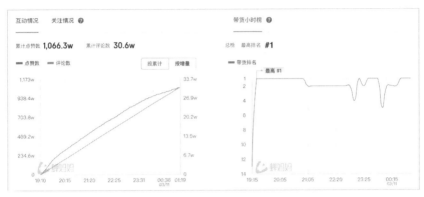

图 7-23　某直播间的累计点赞数和累计评论数趋势图

弹幕热词又称弹幕词云，词云是指通过形成关键词云层或关键词渲染，对网络中出现频率较高的关键词进行视觉上的突出，它过滤掉了大量文本信息，使浏览者可以一眼看到文本主旨。某直播间的弹幕热词如图 7-24 所示，主要集中在"批发""珠宝""源头"等。

- 转化数据指标：主要包括直播曝光量、累计观看人次、商品销量及转化率等。主播可在直播后台或数据分析工具中查看这些数据，图 7-25 为某直播间的转化漏斗图。

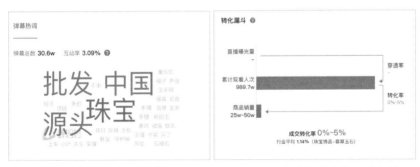

图 7-24　某直播间的弹幕热词　　图 7-25　某直播间的转化漏斗图

7.3　直播带货的推广策略

为了提高直播间的人气和销量，需掌握一些推广引流的方法。例如，常见的社交媒体推广、搜索引擎优化、内容营销、合作联盟营销,以及制定优惠与活动方案等。

7.3.1 社交媒体推广

想要提升直播间的推广力度,可将直播间与社交媒体平台整合,分享直播链接和内容。这不仅可以增加外部链接,还可以提高直播间在社交媒体上的曝光率。社交媒体推广的平台较多,包括微信、微博、抖音等,如表7-2所示。

表7-2 社交媒体推广的平台及其玩法

平台名称	平台简介	具体玩法
微信	微信是一个重要的社交媒体平台,拥有庞大的用户群体。可以通过微信公众号、朋友圈和微信群等渠道推广直播间,引导观众进入直播间观看	• 微信公众号:利用微信公众号发布直播预告和链接,引导粉丝进入直播间。可以在公众号文章中嵌入直播链接,或者在自定义菜单中添加直播入口 • 朋友圈与微信群:通过分享直播链接到朋友圈或微信群,邀请朋友和群成员观看直播。可以考虑设置一些奖励机制,如邀请一定数量的观众观看可以获得优惠等,以鼓励更多的用户进行分享和参与 • 微信小程序:可以在小程序中嵌入直播功能,并通过小程序的社交属性进行传播和推广
微博	微博是一个广泛使用的社交媒体平台,拥有大量用户。通过发布直播预告、互动话题和直播链接,可以吸引粉丝和关注者进入直播间	• 直播功能:微博内置了直播功能,主播可以直接在微博上开播,并通过微博的推广工具进行直播间的推广 • 互动话题:利用微博的话题标签功能,创建与直播内容相关的话题,鼓励用户参与讨论,增加直播的曝光度 • 合作推广:与微博上的大V、网红或相关领域的专家合作,邀请他们参与直播或帮助推广直播间,借助他们的影响力吸引粉丝进入直播间

续表

平台名称	平台简介	具体玩法
抖音	抖音是一个以短视频为主的社交媒体平台，也适合推广直播间。可以通过发布短视频预告、参与挑战赛和合作推广等方式，吸引用户进入直播间	● 短视频预告：制作短视频预告片，展示直播的亮点和吸引力，发布在抖音平台上。利用抖音的算法推荐机制，增加视频的曝光量，引导用户进入直播间 ● 挑战赛与话题标签：参与或创建与直播内容相关的挑战赛或话题标签，鼓励用户参与并分享，扩大直播的影响力 ● 合作推广：与抖音上的网红或意见领袖合作，邀请他们参与直播或分享直播链接，借助他们的影响力吸引更多观众
快手	快手是一个专注于短视频和直播的社交媒体平台，拥有大量活跃用户。可以在快手上发布短视频预告和直播链接，吸引用户进入直播间观看	● 短视频与直播结合：在快手上发布短视频预告和直播链接，利用快手的短视频流量带动直播间的观众数量 ● 互动功能：利用快手的互动功能，如弹幕、点赞、评论等，与观众进行实时互动，提高观众的参与度和留存率 ● 社群推广：加入与直播内容相关的快手社群或圈子，与其他用户进行互动和分享，扩大直播的曝光度
B站	B站是一个以ACG（动画、漫画、游戏）内容为主的社交媒体平台，也适合推广与这些领域相关的直播间。可以通过发布预告、参与话题讨论和与其他UP主合作等方式进行推广	● ACG内容优势：如果直播内容与ACG领域相关，B站将是一个理想的推广平台。可以发布与直播内容相关的短视频预告和直播链接，吸引B站上的目标受众 ● 互动与弹幕：利用B站的弹幕系统和互动功能，与观众进行实时交流和互动，增强观众的参与感和黏性 ● 合作与联动：与其他B站上的UP主或知名主播进行合作与联动，共同推广直播间，扩大影响力

下面重点介绍微信和微博两个平台的推广玩法。

1. 微信推广

微信有着用户数量庞大的优点，适合主播推广自己、推广商品。微信推广主要体现在微信朋友圈推广、微信群推广及微信公众号推广等方面。由于微信是个封闭的圈子，在推广之前需有一定数量的好友。

- 微信朋友圈推广：主播可以通过微信朋友圈，将信息传达给所有好友。经营好朋友圈，可以吸引更多用户关注直播，进入直播间，增加人气。建议主播在发布朋友圈内容时，采取图片+文字，视频+文字的形式，避免显得单一。例如，某餐饮商家在朋友圈发布直播预告时，采取图片+文字的方式，如图7-26所示。

图7-26 图片+文字的朋友圈内容

除了与直播相关的内容外，主播还可以在朋友圈分享趣事、励志文字等内容，引发好友点赞、评论。

- 微信群推广：主播在积累了大量微信好友后，可以用微信群来维护好友，既能减少好友数量的流失，还可以在群内进行自我推广。考虑到主播没有时间群聊，可以招募几个忠实粉丝来维护微信群秩序，自己偶尔来群内发言，与粉丝互动。直播前，在群内发布直播预告信息。

在经营好自己微信群的前提下，主播还可以考虑加入同为主播的好友的微信群，吸引更多人将自己添加为好友。

- 微信公众号推广：主播在积攒了一定的人气之后可以通过自媒体来变现和推广。如果做好了公众号，能积累更多粉丝，还可以通过广告或合作赚取更多佣金。微信公众号可以一次性把消息推送给所有关注者。例如，某知名主播就用微信公众号来发布直播预告，如图7-27所示。

2. 微博推广

微博是一个活跃用户数亿的社交网络平台，又有着热门搜索、热门话题等功能，是推广直播间的好地方。例如，某知名主播就在新浪微博发布了关于直播间的信息，其目的就是吸引更多用户进入直播间观看直播，如图7-28所示。

新手主播的微博粉丝可能比较少，除了发布带有热门话题标签的内容外，还可以主动评论热门微博，从而加大自己的曝光量。同时，微博还有着传播快、热度高等特点，特别适合策划活动。

图7-27　用公众号发布直播预告

图7-28　在新浪微博发布抖音直播间相关内容

7.3.2　搜索引擎优化

搜索引擎优化（Search Engine Optimization，SEO）是一种提升网站或内容在搜索引擎结果页中排名的策略。对于直播间的推广，SEO同样适用，它可以帮助直播间在搜索引擎中获得更高的曝光率和点击率。图7-29是一些关于如何利用SEO推广直播间的建议。

图7-29 利用SEO推广直播间的建议

1. 优化关键词

在直播中加入关键词确实是一种有效的策略，可以帮助提高直播间的曝光率。好的关键词应与直播内容、主题或品牌相关。以下是一些关键词优化建议，帮助大家在直播中巧妙地运用关键词，从而增加直播间的可见性和吸引力。

1）关键词研究和选择

关键词研究是直播间SEO的基础。为了找到与直播内容相关且受众可能会搜索的关键词，可以采取如图7-30所示的步骤。

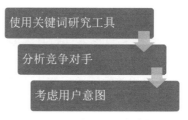

图7-30 关键词研究步骤

- 使用关键词研究工具：利用专业的关键词研究工具，如Google AdWords Keyword Planner、SEMrush等，来查找与你的直播主题相关的关键词。这些工具可以帮助你了解关键词的搜索量、竞争程度及相关的长尾关键词。

- 分析竞争对手：查看竞争对手的直播间标题、描述和标签，了解他们使用了哪些关键词，并从中汲取灵感。

- 考虑用户意图：思考用户可能会搜索什么样的内容，以及他们使用什么样的语言来描述他们的需求。这将帮助你找到与用户意图匹配的关键词。

以一位健身教练的直播间为例，该直播间主要分享健身教程和训练计划。通过关键词研究，该教练发现用户可能会搜索"在家健身方法""健身训练计划"等关键词。因此,在直播间标题和描述中融入这些关键词,可以提高直播间在相关搜索中的曝光率。

在实际应用中,还可以使用工具,如抖音的搜索建议、关键词分析工具或社交媒体趋势监测工具,来帮助你找到热门和相关的关键词。

2)标签和话题标签

在发布直播时,添加与直播内容相关的标签和话题标签。在抖音直播中,标签和话题标签是提高曝光率的重要手段。合理使用标签和话题标签,可以帮助直播间被更多潜在观众发现。选择与直播内容紧密相关的标签,避免使用无关或错误的标签。

以一位美妆博主为例,她主要在直播间分享化妆教程和产品评测,所以可以在直播中使用与化妆相关的标签,如"化妆教程""美妆分享"等。此外,还可以关注抖音上的热门美妆话题,如"春夏妆容趋势""新品试用"等,并在直播中使用这些话题标签,吸引更多对这些话题感兴趣的观众。

平时,可以关注抖音上的热门话题和趋势,将直播与这些话题相关联,然后使用相关的话题标签。这可以吸引更多对这些话题感兴趣的观众进入直播间。打开抖音App的"热点"页面,可以看到一些抖音热榜里的话题,如图7-31所示。

3)重复提及关键词

在直播过程中,适时地重复提及关键词,特别是在介绍产品、分享经验或解答问题时。这有助于加深观众对关键词的印象。

在介绍产品、分享经验或解答问题时,自然地将关键词融入你的话语中。避免强行堆砌关键词,保持内容的流畅性和自然性。在关键时刻或重要信息点

图7-31 抖音热榜里的话题

上，可以强调关键词，以吸引观众的注意力。

以一位旅行博主为例，他的直播间主要分享旅行攻略和游记。在直播中，可以多次提及与旅行相关的关键词，如"旅游景点""旅行必备""行程规划"等。在介绍不同的景点或旅行建议时，可以强调这些关键词，帮助观众更好地理解和记忆。

4）利用抖音算法

抖音的算法会根据用户的互动行为（如点赞、评论、分享、观看时长等）来推荐内容。因此，鼓励观众与直播内容互动，可以提高直播间在抖音推荐系统中的排名。

在直播过程中，积极与观众互动，回答他们的问题，引导他们进行点赞、评论和分享。可以设置互动环节，如抽奖、问答等，以激发观众的参与热情。还要及时关注观众的反馈和评论，了解他们对直播内容的喜好和需求，根据反馈调整直播内容和策略，提高观众的满意度和参与度。

以一位烹饪达人为例，他的直播间主要分享美食制作和烹饪技巧。在直播中，可以设置互动环节，如观众投票选择下一道菜品、分享自己的烹饪心得等。同时，积极回应观众的评论和反馈，与他们建立良好的互动关系。这样不仅可以提高直播间的活跃度和参与度，还有助于提高直播间在抖音推荐系统中的排名。

2. 优化标题

一个好的直播标题，能准确定位直播的内容，引起粉丝点击的兴趣。描述应提供关于直播的额外信息，以吸引用户点击。在写标题时，可以参考如下步骤。

第1步 提炼关键词。对于一个视频作品或一场直播而言，要用一段话来概括视频、直播的主要内容，再从中提炼出一些关键词。以下是一些实际的案例，展示了如何提炼直播标题中的关键词。

案例一：时尚穿搭分享直播
- 原始标题："时尚穿搭技巧，打造个性风格"。
- 提炼关键词：时尚、穿搭、技巧、个性风格。

- 优化后的标题:"时尚穿搭技巧分享:打造你的个性风格指南"。

这个案例中的原始标题已经包含了与时尚穿搭相关的关键词。通过提炼"时尚""穿搭""技巧"和"个性风格"这些关键词,在优化后的标题中明确传达了直播是关于时尚穿搭技巧分享的,同时强调了个性风格的打造,吸引了对时尚感兴趣的观众。

田 案例二:手工艺品制作直播

- 原始标题:"DIY手工艺品,创意无限"。
- 提炼关键词:手工艺品、DIY、创意。
- 优化后的标题:"手工艺品制作DIY:创意无限,打造独一无二的艺术品"。

在这个案例中,我们提炼了"手工艺品""DIY"和"创意"作为关键词。优化后的标题突出了手工艺品制作的创意性和独特性,强调了打造独一无二的艺术品,吸引了对手工艺品制作和创意感兴趣的观众。

第2步 ▶ 组合标题。在提炼好关键词后,接下来要组合标题。在组合标题过程中,可以从戳中痛点、干货福利、盘点归纳几方面入手,如表7-3所示。

表7-3 组合标题切入点

对比项	定义	案例	解释
戳中痛点	针对观众普遍存在的问题或疑虑,直接在标题中点明,引起共鸣	"告别拖延症!时间管理大师教你如何高效生活!"	这个标题直接戳中了很多人存在的"拖延症"痛点,提出了解决方案,即跟随"时间管理大师"学习如何高效生活
干货福利	在标题中明确提及直播将提供的实用信息或福利,吸引观众获取价值	"限时免费!设计师亲授:10分钟学会高级感海报制作!"	这个标题通过"限时免费"和"10分钟学会"等关键词,强调了直播将提供实用的干货内容和福利,吸引观众点击观看

续表

对比项	定义	案例	解释
盘点归纳	对某一主题或领域的内容进行整理、归纳，以清晰、有条理的方式呈现给观众	"2024年最火化妆品大盘点：值得入手的TOP10产品！"	这个标题通过"大盘点"和"TOP10产品"等关键词，对化妆品领域的内容进行了归纳整理，提供了清晰的信息结构，方便观众快速了解当前热门产品

在实际操作中，可以将这些方法结合起来，创建一个既吸引人又具有实用价值的直播标题。例如，"摆脱职场焦虑！职业规划专家亲授：升职加薪秘诀大揭秘＋限时免费资料包赠送"。这个标题首先戳中了职场人士的"焦虑"痛点，然后提供了解决方案——跟随"职业规划专家"学习升职加薪秘诀，并额外提供了"限时免费资料包"作为福利，增加了标题的吸引力。

3. 优化封面

直播封面图是直播间带给观众的第一印象，对于吸引观众点击进入直播间至关重要。制作直播封面图应注意图7-32所示的几点。

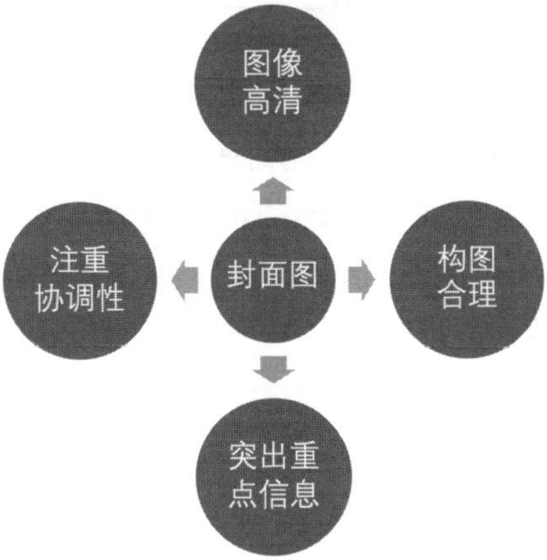

• 图像高清：为什么要确保图像高清呢？因为模糊的图像容易降低作品吸引力，而且多个直播平台均规定封面图必须清晰，且不掺杂无关文字或其他信息。一些图像高清的封面图，一眼看

图7-32 制作直播封面图的四大技巧

去就能迅速获得有用信息，如该直播间的主播是谁，该直播间可以提供什么价值等。

同时，直播封面图通常需要遵循一定的尺寸规范。一般来说，封面

图的尺寸应该与直播平台的要求相匹配,以确保在平台上显示正常。常见的封面图尺寸包括800×600像素、1280×720像素等。你可以使用图像处理软件(如Photoshop、GIMP等)来创建符合要求的尺寸。

- 构图合理:构图合理的直播封面图可以给人留下更好的视觉印象,从而更容易吸引用户点击进入直播间。例如,有的直播间选用主播真人出镜拍摄图片,且主播本人处于图片正中央,不仅容易给人留下深刻印象,视觉效果也更好。

- 突出重点信息:封面一定要与想表达的主题强相关,让用户一看就有点击进入直播间的欲望。想实现这点,必须在封面图中突出重点信息。如服饰类产品的封面图必须是带有人物的照片,或搭配后的美照,而不能是单个产品的照片。例如,某服饰类直播封面图选用形象较好的真人实拍图作为封面,如图7-33所示。加上"开新橱窗""直降68折"等文案,给人留下高性价比的印象,进而吸引粉丝进入直播间。

- 注重协调性:封面图上添加简洁明了的文字,以补充和解释图片内容。文字应该包括直播的主题、日期、时间等信息。字体大小和颜色应该易于阅读,并与封面图的背景相协调。例如,某场直播的标题为"三分钟速学字母拍照教程",那么,封面图最好也突出与"字母""拍照"相关的内容。

4. 定期直播

定期直播有助于增加直播间的曝光度,提高搜索结果中的排名,从而吸引更多的新观众。保持直播间的活跃度,并定期提供新的、有趣的内容,可以让搜索引擎更频繁地访问和

图7-33 服饰类产品的封面图示例

抓取直播间，增加其在搜索结果中的曝光率。

此外，定期直播还可以让观众知道主播在特定时间出现，为直播间带来更多稳定的观众。这也有助于提高直播间的知名度和影响力，进一步增加其在搜索引擎中的可见性。

7.3.3 内容营销

在直播中，内容是吸引和留住观众的核心。一场成功的直播需要有吸引人的主题、丰富多样的内容，以及与观众建立情感连接的能力。优化直播内容需要做到以下几点。

1. 深入了解主题

在直播前，确保对直播的主题有深入的了解和研究。了解相关的背景知识、最新趋势和观众的兴趣点，以便能够提供准确、有深度的内容。

例如，某旅游直播主播计划做一场关于北欧旅行的直播。她提前几个月开始准备，研究了北欧各国的历史、文化、美食、旅游景点等，还亲自去了北欧进行实地考察。直播时，她分享了自己的亲身体验，提供了详尽的旅行攻略，甚至回答了观众关于签证、语言、交通等的实际问题。案例中的主播经过深入研究和准备，能够提供准确、有价值的信息，增加了直播的吸引力和可信度。

2. 专业性和权威性

在直播中，要尽可能地展示主播的专业性和权威性，分享专业知识和经验，以及自己在行业中的独特见解。这将帮助主播建立信誉，并吸引更多对该领域感兴趣的观众。

例如，某医生在直播平台上开设了关于健康知识的直播节目。他利用自己的医学背景和多年的临床经验，为观众解答各种健康疑问，提供实用的健康建议。由于他的专业性和权威性，吸引了大量关心健康问题的观众。

3. 解决实际问题

了解观众的需求和痛点，并提供实用的建议、解决方案或技巧，这将使观众感到直播是有价值的，并增加他们的信任和忠诚度。例如，一位健身教练在直播中分享了自己的健身经验和技巧，特别是针对如何在家进行有效锻炼的内容。他针对现代人生活节奏快、去健身房不便的痛点，提供了一系列简单易行的家庭健身方案。这些内容受到了广大观众的喜爱和好评。

4. 互动和参与

鼓励观众在直播过程中参与互动，如提问、评论或分享。及时回应观众的评论和问题，与他们建立联系，并展示你对他们的关注和尊重。这将提高观众的参与度和满意度，并增加直播的吸引力。

一位美妆博主在直播中教大家如何化妆。她不仅展示了化妆步骤，还邀请观众在直播过程中提问，实时解答她们关于化妆的疑惑。同时，她还设置了抽奖环节，观众参与互动有机会获得化妆品奖品。这种互动方式大大提高了观众的参与度和观看体验。

5. 多样性和创新性

尝试在直播中引入不同的元素和创意，以吸引观众的注意力。例如，可以使用视觉辅助工具、演示文稿、案例研究、专家访谈等方式来丰富内容。此外，还可以尝试互动游戏、抽奖活动等，增加直播的趣味性和吸引力。例如，一位烹饪主播在直播中不仅分享了自己的烹饪技巧和菜谱，还引入了观众投票、实时教学互动、食材知识普及等多样化元素。他不断创新直播形式和内容，吸引了大量美食爱好者。

7.3.4 合作联盟营销

合作联盟营销是一种有效的策略，可以通过与其他品牌、意见领袖或其他相关实体合作，共同推广直播间，扩大其曝光度和观众基础。

小米和陈抱一的合作是一个典型的社交媒体与品牌合作的例子。小米作为一家全球知名的智能手机和智能家居品牌，一直在寻求与有影响力的社交媒体用户合作，以扩大其品牌影响力和产品认知度。陈抱一是一个在B站上拥有大量粉丝和高度专业性的科技产品评测UP主，成为小米的理想合作伙伴，图7-34为UP主陈抱一的账号页面。

小米与陈抱一的合作内容主要包括产品测评、用户互动及活动推广三方面。

● 产品评测：陈抱一在其B站账号上发布关于小米最新手机和其他相关产品的详细测评视频。这些视频通常包括对产品的性能、外观、用户体验等多个方面的深入分析和评价。

● 用户互动：陈抱一在测评视频下方与粉丝进行互动，回答他们关于小米产品的问题，并分享一些使用技巧和建议。这种互动不仅增强了粉丝与UP主之间的联系，还提高了小米产品的用户满意度和忠诚度。

● 活动推广：当小米有新产品发布或特殊促销活动时，陈抱一也会在其账号上进行推广，帮助吸引更多潜在消费者的关注。

图7-34 博主"陈抱一"的账号主页

通过与陈抱一的合作，小米成功地将产品推广到了更多的目标受众中，提高了品牌知名度和美誉度。同时，陈抱一也通过测评和推广小米产品，增加了其账号的内容多样性和吸引力，进一步巩固了与粉丝的关系。

陈抱一在2023年8月16日晚上8点进行了小米澎湃OS全家桶的直播推广。在直播中，他不仅详细介绍了小米澎湃OS的功能和特点，还分享了自己使用这款操作系统的真实体验，并解答了观众的提问。此外，陈抱一还通过直播展示了小米其他相关产品的使用方法和技巧，为观众提供了对产品更全面的了解。这种合作方式是双赢的，既帮助品牌扩大了影响力，又提高了UP主的知名度和影响力。

评估潜在合作伙伴的匹配度是合作联盟营销推广中的关键步骤。图7-35为全面评估潜在合作伙伴的匹配度的具体方法。

图 7-35 评估潜在合作伙伴的匹配度

- 专业能力评估：考察潜在合作伙伴在其所在领域的专业能力，包括他们的技术、产品及服务质量等。分析他们过去的案例、客户反馈和行业内的声誉，确保他们具备满足你需求的能力。
- 兴趣爱好匹配：了解潜在合作伙伴的价值观和兴趣，判断他们是否与你的品牌文化和理念相符。评估他们对直播间的兴趣程度，以及他们是否愿意投入资源和时间来实现共同目标。
- 资源互补性评估：分析潜在合作伙伴拥有的资源和优势，判断他们是否能为你提供互补的支持。考虑你们之间的资源共享和合作潜力，以确保双方都能从合作中受益。
- 经验与实力评估：了解潜在合作伙伴在相关领域的经验和实力，以确保他们具备处理合作中可能出现的问题的能力。评估他们的市场地位、客户群体及业务增长情况，以确保他们的稳定性和可持续发展。
- 合作兼容性评估：分析潜在合作伙伴的企业文化和管理模式，确保与你的团队能够融洽合作。了解他们与其他合作伙伴的合作历史，评估他们在合作中的表现和信誉。
- 潜在风险分析：评估潜在合作伙伴可能带来的风险，如合同争议、技术泄露、法律纠纷等。确保在合作前对潜在风险做了充分的了解和准备，以降低合作过程中的不确定性。

• 共同成长潜力评估：分析潜在合作伙伴的成长潜力和创新能力，以确保他们能与你的业务一起发展。考虑他们在行业内的未来趋势和发展方向，以确保合作具有长期价值。

通过以上7个方面的评估，可以全面了解潜在合作伙伴的匹配度。记住，在评估过程中要保持客观和谨慎，以确保选择一个合适的合作伙伴，为合作联盟营销打下坚实基础。

7.3.5 制订活动方案

直播带货主播通常会利用优惠活动来吸引观众参与，提高直播间的互动和购买率。常见的直播间活动方案如图7-36所示。

• 限时折扣：提供限时折扣，鼓励观众在短时间内下单购买。这种紧迫感可以促使观众立即行动，增加销售额。

• 满减活动：设置满减活动，如"满100减50"，鼓励观众购买更多商品以达到优惠条件。这样可以提高客单价，增加销售总量。

• 赠品策略：为购买特定商品的观众提供赠品，如小样、礼品或优惠券。这不仅能增加商品的吸引力，还能促使观众再次购买。

图7-36　常见的活动方案

• 抽奖活动：在直播中穿插抽奖环节，奖品可以是商品、优惠券或其他有吸引力的礼品。这能增加观众的参与度和黏性。

• 会员专享优惠：为直播间的会员提供专享优惠，如额外折扣、优先购买权等。这有助于建立忠诚的观众群体，并提高复购率。

• 团购活动：鼓励观众组团购买，以获得更大的折扣。这种社交元素可以扩大直播的影响力，吸引更多观众参与。

- 预售活动：为即将上市的新品或限量商品设置预售活动，提前吸引观众的兴趣并增加购买欲望。
- 互动游戏：设计互动游戏，如答题、猜谜等，让观众参与并获得优惠。这能增加直播的趣味性，提高观众的满意度。

例如，某童装直播间就使用了预售活动、限时抢活动及满减活动，如图7-37所示。

制订直播活动方案需要考虑多个方面的因素，制定过程大致如表7-4所示。

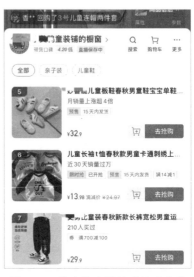

图7-37 某童装直播间的活动方案

表7-4 制订直播活动方案步骤

过程名称	要点内容
目标设定	• 确定直播活动的核心目标，如增加销售额、扩大品牌影响力、提升用户黏性等 • 设定具体的KPI指标，如观看时长、互动次数、转化率等
受众分析	• 分析目标受众的兴趣、需求和购买习惯，以便制定有针对性的活动方案 • 确定受众群体的年龄、性别、地域等特征，以便制定更具吸引力的优惠策略
内容规划	• 规划直播内容，包括主题、流程、互动环节等，确保内容有趣、有价值 • 确定直播产品的种类、数量、价格以及展示方式，以便吸引观众购买
优惠策略制定	• 设计吸引人的优惠活动，如限时折扣、满减优惠、买一赠一等 • 设定优惠券、红包等促销手段，提高观众的购买意愿 • 考虑设置会员专享优惠，以提高会员满意度和忠诚度

续表

过程名称	要点内容
互动环节设计	• 设计互动游戏、问答环节等，提高观众参与度 • 设定互动奖励，如抽奖、限时秒杀等，激发观众热情
宣传与推广	• 制定详细的宣传计划，包括宣传渠道、时间节点、内容策划等 • 利用社交媒体、短视频平台、电子邮件等渠道进行推广，扩大活动影响力
技术准备	• 确保直播平台的稳定性和流畅性，提前测试直播设备、网络等 • 准备应急预案，以应对可能出现的技术问题
团队分工与培训	• 明确团队成员的职责和任务，确保活动顺利进行 • 对直播主持人、客服等关键岗位进行培训，提高服务质量
数据监控与分析	• 在直播过程中实时监控数据，了解活动效果 • 活动结束后进行数据分析，总结经验教训，为下次活动提供改进方向
后续跟进与评估	• 在直播结束后及时跟进客户反馈，处理售后问题 • 对活动效果进行评估，包括销售额、观众满意度、品牌影响力等，以便优化未来的直播策略

通过以上步骤，可以制定出一个全面、有效的直播优惠与活动方案。值得注意的是，在制定优惠与活动方案时，要考虑目标观众、产品特点和市场环境，确保活动的吸引力和可行性。同时，要确保活动的宣传和执行到位，让观众充分了解和参与。

7.4 组合产品营销策略

组合产品营销是一种市场营销策略，它通过将多个相关的产品或服务进行组合销售，以满足消费者多样化的需求并增加销售额和利润。这种策略可以包括互补产品组合、产品套餐组合等。通过组合销售，可以增加商品销售量，为消费者提供方便，并增加品牌的吸引力。例如，某汽车镀膜商家在直播中展示了三款产品,并通过组合搭配形成了多个SKU(Stock Keeping Unit,最小存货单位)。在两个月内,他们进行了36场直播,总带货GMV(Gross Merchandise Volume,商品交易总额)达到了83.6万元。其中,单一爆款SKU的销售额占总销售额的99%。

常见的组合产品营销策略包括图7-38所示的组合套餐销售、搭配推荐、互补产品销售等。

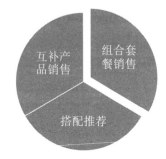

图7-38 常见的组合产品营销策略

1. 组合套餐销售

组合套餐销售是一种将不同但互补的产品或服务捆绑在一起销售的策略。通过以套餐形式提供多个产品或服务,企业可以以优惠的价格吸引消费者,同时增加他们的购买量。

例如,某美妆品牌旗舰店直播间推出了一个包含粉底液、眼影盘、眉笔等产品的组合套餐,以优惠的价格销售。这种组合不仅提供了方便的购买体验,还通过套餐的优惠价格吸引了消费者购买更多产品,如图7-39所示。

2. 搭配推荐

搭配推荐是根据消费者的购买历史和偏好,向他们推荐与之搭配的其他产品或服务。通过提供个性化的推荐,企业可以提高消费者的购买满意度,并增加他们的购买量。

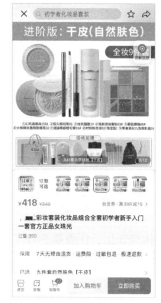

图7-39 组合套餐

例如,某运动品牌抖音旗舰店的直播中,为观众推荐了可以搭配在一起的衣服、裤子,通过展示完整的搭配效果,激发观众的购买欲望,并提高销售额,如图7-40所示。

3. 互补产品销售

互补产品销售是一种通过销售与主产品互补的产品或服务,以增加消费者购买量的策略。互补产品通常与主产品一起使用,以提高主产品的使用效果或便利性。例如,打印机和墨盒、相机和存储卡等都是互补产品。

例如,某餐饮旗舰店的直播中,将面和面碗进行捆绑销售,以此来提高产品销售额,如图7-41所示。

以上组合产品营销策略都可以帮助企业提高销售额、满足消费者的多样化需求,并增强品牌形象。但在策划组合产品时,需注意以下几点。

• 确保产品质量:在组合产品时,确保每个产品的质量都符合标准,以维护品牌形象和消费者信任。

• 合理定价:根据产品的成本、市场需求和竞争情况,合理定价组合产品,以确保其吸引力和盈利能力。

• 清晰展示和介绍:在直播中清晰展示每个产品的特点和优势,并详细介绍组合产品的优惠信息和优势,以吸引观众的注意力。

• 与观众互动:鼓励观众提问和分享意见,根据观众的反馈和需求调整产品组合和营销策略。

图 7-40 搭配推荐

图 7-41 互补产品销售

7.5 AI 在精准营销与推广中的应用

AI 在直播间推广中具有重要作用，能够提升用户体验、满足多样化需求、增强互动性和提高推广效果。具体应用包括 AI 对目标受众的精准识别与分析、AI 驱动的内容创意与个性化推荐等。

7.5.1 AI 对目标受众的精准识别与分析

目标受众定位对于精准营销与推广的重要性不言而喻，大家可以用 AI 来完成这项工作。AI 通过收集和分析大量的用户数据，可以揭示出潜在的市场机会和客户需求。它不仅可以监测社交媒体、新闻、论坛等渠道的数据来了解市场的变化和趋势，还可以通过图像识别、人脸识别等技术智能识别受众，更加精准地定位目标受众。AI 对目标受众的精准识别与分析主要体现在如下几个方面。

- 数据挖掘与分析：AI 可以对大量的用户数据进行挖掘和分析，找出其中的关联性和规律，包括用户的行为偏好、购买习惯、需求特征等。通过这种方法，企业可以深入了解受众的需求和喜好，为后续的营销策略制定提供有力的数据支持。
- 市场预测：AI 可以通过对历史数据和趋势的分析，预测未来市场的发展方向和受众需求的变化。这种预测可以帮助企业提前做好准备，调整产品或服务策略，以满足市场的需求变化。
- 用户画像构建：AI 可以通过深度学习等技术手段，从用户的行为数据中挖掘出用户的特征和喜好，构建用户画像。用户画像是对用户个体或群体的一种抽象化描述，包括用户的基本信息、兴趣特点、消费能力等。通过用户画像，企业可以更准确地理解目标用户的特点和需求，从而为他们提供更符合需求的产品或服务。
- 个性化推荐：通过对用户的精准识别和分析，AI 可以实现个性化推荐。例如，通过分析用户的购买历史和行为偏好，AI 可以预测用户可能感兴趣的产品或服务，并将相应的推荐内容推送给用户。这种个性化推荐可以提高用户的满意度和忠诚度，同时增加企业的流量和收益。

以某大型电商平台为例，该平台利用AI对用户的行为数据进行实时收集和分析。当用户浏览、搜索、购买商品时，这些行为都会被平台记录下来，并作为用户画像的一部分。AI会对这些用户行为数据进行深度挖掘和分析，找出用户的购买偏好、需求特点及潜在需求。例如，通过分析用户的购买历史，AI可以发现用户经常购买哪些类型的商品，以及用户的购买频率和购买时间等。

基于这些分析结果，AI可以为用户构建一个个性化的推荐系统。当用户再次登录电商平台时，系统会根据用户的画像和推荐算法，为用户推荐符合其兴趣和需求的商品。这些推荐可以出现在首页、商品详情页、购物车等多个位置，以吸引用户的注意力。

通过这种方式，电商平台可以实现精准营销，提高用户的购买率和满意度。同时，用户也可以更方便地找到他们感兴趣的商品，提高购物体验。

利用AI精益识别与分析用户的具体方法如下。

- 用户画像构建：首先，个人博主可以通过AI收集和分析自己的粉丝数据，包括他们的年龄、性别、地域、兴趣爱好等信息，从而构建出粉丝的用户画像。这样，博主就能更准确地了解自己的目标受众，为后续的内容创作提供指导。
- 内容推荐：基于用户画像，AI可以帮助博主推荐适合目标受众的内容。例如，如果博主的受众主要是年轻人，那么可以推荐一些与年轻人的生活、工作、娱乐等相关的话题，这样就能提高内容的点击率和阅读量。
- 互动优化：AI可以分析受众的互动行为，如点赞、评论、转发等，从而找出哪些内容更受欢迎，哪些话题需要深入讨论。博主可以根据这些反馈调整自己的内容策略，提高与受众的互动效果。
- 趋势预测：通过对历史数据的分析，AI可以预测未来的内容趋势和受众需求。这样博主就能提前做好准备，创作出更符合市场需求的内容。

7.5.2　AI 驱动的内容创意与个性化推荐

AI在直播内容创意方面发挥着重要作用，通过虚拟数字人技术、个性化内容推荐、智能优化直播内容及自动生成直播脚本和剪辑视频等方式，为直播领域带来了创新和发展。这些技术的应用不仅提高了直播的趣味性和互动性，还提升了观众的观看体验和参与度，为直播产业的繁荣发展注入了新的活力。

- 虚拟数字人技术：AI技术结合虚拟数字人技术，为直播领域带来了全新的创新。通过虚拟数字人，主播可以扮演不同的角色，穿越不同的场景，与观众进行实时的互动。这种创新的直播方式不仅增加了直播的趣味性和互动性，还使直播内容更加丰富和多样化。
- 个性化内容推荐：AI可以根据用户的观看历史、点赞、评论等行为，分析用户的兴趣爱好和偏好，从而为用户推荐符合其喜好的直播内容。这种个性化的内容推荐不仅提高了用户的观看体验，还有助于主播精准地吸引目标受众，增加直播的观看率和转化率。
- 智能优化直播内容：AI可以实时分析直播内容的质量和用户反馈，对直播内容进行智能优化。例如，通过识别用户的情感反应和评论，AI可以自动调整直播的节奏、氛围和内容，以满足用户的需求和期望。这种智能优化有助于提升直播的吸引力和用户参与度，增加用户的黏性。
- 自动生成直播脚本和剪辑视频：AI可以通过分析大量的数据和素材，自动生成精美的直播脚本和剪辑视频。这大大减轻了主播和制作人员的工作负担，提高了直播的效率和质量。同时，自动生成的直播脚本和剪辑视频也为观众带来了更加流畅和精彩的观看体验。

以自动生成直播标题为例，可以使用ChatGPT软件来进行。ChatGPT可以根据不同平台和用户的需求，生成与选题相关的标题，从而提高直播的点击率。下面以"如何化好日常妆"为主题，在ChatGPT中提问：针对主题"如何化好日常妆"，请帮我写10个适合直播的标题。得到的标题如下：

"轻松打造自然无瑕的日常妆容"

"日常妆的正确步骤与技巧,让你美丽一整天"

"零失误!日常妆容教程,新手也能变大神"

"快速出门妆,教你如何5分钟化好日常妆"

"日常妆容也能很高级,掌握这几招就够了"

"适合上班族的日常妆容,简单又实用"

"日常妆容的小秘密,让你的美丽更持久"

"告别化妆小白,日常妆容教程大公开"

"日常妆也能很惊艳,跟着主播学起来"

"日常妆容不求人,手把手教你如何化"

这些标题结合了"日常妆"的核心要点,强调了快速、自然、简单、实用的化妆技巧,同时也关注了观众的需求和期望,旨在吸引观众点击进入直播间学习化妆技巧。

7.5.3　AI 提升互动体验与参与度

AI在提升直播间的互动体验与参与度方面,确实具有一定的用处。首先,AI可以帮助个人主播进行实时的语音识别和翻译,这对于那些希望吸引国际观众的主播来说尤为有用。通过实时翻译功能,个人主播可以更容易地与来自不同语言背景的观众进行交流,从而扩大受众群体,增加互动和参与度。

其次,AI可以帮助个人主播进行智能推荐,根据观众的兴趣和行为推荐相关的直播内容。这有助于提高个人主播的曝光度,吸引更多潜在观众进入直播间,增加观看时长和活跃度。

最后,虚拟数字人主播的应用也为个人主播提供了一种新的可能性。虽然虚拟数字人主播在直播行业中的应用还处于初级阶段,但随着技术的不断进步,未来个人主播也可以利用虚拟数字人进行直播,从而节省时间和精力,提高直播效率。

AI在提升直播间的互动体验与参与度的应用中,最直接的应用是通过AI软件自动生成一些活动玩法,便于主播在直播中与观众互动,从而提升直播间的互动数据。

下面以新人直播间的游戏为例，在ChatGPT中提问：请列举3种以上适合新人直播间提高互动率的游戏。得到如下几个游戏。

1）猜歌名游戏

由主播播放一段音乐（最好是观众熟悉的），让观众猜歌名，猜对者可以得到一定的奖励，比如提问主播一个问题，或者让主播表演一个小节目等。这个游戏可以增加观众的参与度，提高直播间的活跃度。

田 示例

主播播放一段流行歌曲的经典旋律，如周杰伦的《青花瓷》。

观众在直播间评论区猜测歌曲名称。

第一个猜对的观众获得奖励。例如，可以提问主播一个轻松的问题，如"你最喜欢的食物是什么？"

主播回答观众的问题，增加互动。

2）成语接龙游戏

主播先说一个成语，然后观众在评论区接龙下一个成语，以此类推，接龙成功的观众可以获得一定的奖励。这个游戏可以锻炼观众的语言能力，同时增加直播间的互动性。

田 示例

主播先说出一个成语，如"井底之蛙"。

观众在评论区接龙下一个成语，如"蛙蟆胜负"。

接龙继续，直到有观众接不上或时间到。

最后接龙的观众获得奖励。例如，可以要求主播做一个小表情或小动作。

3）脑筋急转弯游戏

主播可以说出一些有趣的脑筋急转弯题目，让观众在评论区回答，答对者可以获得奖励。这个游戏可以考验观众的思维敏捷度和幽默感，提高直播间的趣味性。

田 示例

主播问："什么东西越洗越脏？"

观众在评论区回答,第一个答对的观众获得奖励。

答案可能是"水",因为当你洗水时,它会与其他脏东西混合变得更脏。

主播可以对答案进行解释,并继续出下一个脑筋急转弯题目。

这些游戏不仅增加了直播间的趣味性,还能鼓励观众积极参与,从而提高直播间的互动率。记得在玩游戏时,主播要保持轻松愉快的氛围,及时给予观众反馈和奖励,激发他们的参与热情。

7.5.4 AI 对推广效果的实时监测与优化

AI 在直播推广效果的实时监测与优化方面发挥着重要作用。通过利用机器学习和数据分析等技术,AI 可以实时跟踪和分析直播推广的各种指标,包括观众数量、观看时长、互动率、转化率等,从而为直播推广提供精准的数据支持和优化建议。常见的用于 AI 数据分析的软件包括图 7-42 所示的飞瓜数据、灰豚数据等。

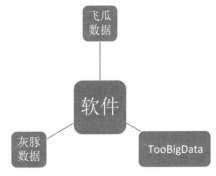

图 7-42 常见用于 AI 数据分析的软件

- 飞瓜数据:这是一个专业的短视频数据分析平台,不仅支持抖音,还涵盖其他多个平台。通过飞瓜数据,新人主播可以收集热门视频、音乐、博主等信息,还能深入了解热门带货情况。这对于制定直播策略和优化内容非常有帮助。

- TooBigData:这个工具提供了丰富的抖音数据,并且大部分数据可以免费查看。特别是对于抖音热门带货数据,TooBigData 提供了 TOP100 的免费查看功能。新人主播可以通过这些数据了解当前的流行趋势和热门商品,为自己的直播内容提供参考。

- 灰豚数据:灰豚数据被 36 氪、腾讯科技、燃财经等权威媒体引用,具有全面、准确、快速且性价比高的特点。这款工具也可以帮助新人主播进行数据分析,制定更为精准的直播策略。

以下是飞瓜数据在直播领域可以进行的一些AI数据分析的详细内容。

- 观众行为分析：飞瓜数据可以通过AI深入分析观众在直播间的行为，如观看时长、互动频率、点赞和评论习惯等。这些数据可以帮助主播了解观众的参与度和兴趣点，从而调整直播内容和互动方式，提高观众的留存率和参与度。

- 内容效果评估：飞瓜数据可以利用AI算法对直播内容进行质量评估，包括话题的吸引力、商品的展示效果、互动环节的设置等。通过分析这些评估结果，主播可以了解哪些内容更受欢迎，哪些环节需要改进，从而优化直播内容和提升观众体验。

- 商品销售分析：对于直播带货的主播来说，飞瓜数据可以提供商品销售相关的AI数据分析，包括商品的点击率、转化率、销售额等关键指标。通过分析这些数据，主播可以了解哪些商品更受欢迎、哪些商品的推广效果更好，从而调整商品选品和推广策略。

- 竞品对比分析：飞瓜数据可以提供竞品对比分析功能，主播可以输入竞品的主播号或直播间链接，AI会分析竞品的数据表现，如观众数量、互动率、商品销售情况等。通过对比自己和竞品的数据，主播可以发现自己的优势和不足，从而制定更有针对性的竞争策略。

- 趋势预测与推荐：基于大量的直播数据和AI算法，飞瓜数据还可以进行趋势预测和推荐。例如，预测某个话题或商品的未来热度，推荐适合主播的热门话题或商品等。这些预测和推荐可以帮助主播把握市场趋势，提前布局热门内容，提高直播效果。

7.5.5　AI评估直播带货效果，提供策略调整建议

AI可以通过分析直播带货过程中的各种数据指标，来评估直播带货的效果。具体来说，AI可以通过如图7-43所示的几方面来评估直播带货效果。

- 用户行为分析：AI可以分析用户在直播带货过程中的行为数据，如观看时长、点赞数、评论数等，以评估受众的参与度和兴趣度。这些数据可以反映用户对直播内容的接受程度和喜好程度。

● 转化率分析：AI可以分析直播带货过程中的转化率数据，即观众转化为购买者的比例。通过对比不同直播带货活动的转化率，可以评估不同脚本、话术、互动环节等因素对转化率的影响。

● 销售额分析：AI可以分析直播带货过程中的销售额数据，以评估直播带货活动的整体销售效果。

图7-43　数据指标

通过对比不同活动的销售额，可以评估不同策略对销售业绩的影响。

此外，AI还可以通过机器学习等技术，对历史数据进行训练和学习，建立预测模型来预测未来的直播带货效果。这可以帮助品牌更好地规划直播带货策略，提高活动的成功率和效果。

例如，某知名时尚品牌在"双十一"期间利用AI进行了直播带货。为了评估直播带货的效果，品牌方收集了以下数据。

● 观看时长：整个直播活动的平均观看时长为90分钟，最高峰值时段的观看时长达到了120分钟。

● 互动数据：直播过程中，观众的总点赞数为50万次，总评论数为10万条。其中，某个特定产品的介绍环节获得了最高的互动率，点赞数和评论数均超过了其他环节。

● 转化率：直播结束后，通过AI模型分析发现，观看直播的观众中有10%转化为了购买者，其中某款明星产品的转化率达到了15%。

● 销售额：直播带货活动的总销售额达到了1000万元，其中某款明星产品的销售额占比达到了30%。

基于上述数据，AI模型进行了以下评估分析。

● 受众参与度：观看时长和互动数据表明，受众对直播带货活动的参与度较高，尤其是在特定产品的介绍环节。这说明AI生成的直播带货脚本在吸引受众兴趣和互动方面表现良好。

- 销售效果：转化率和销售额数据表明，直播带货活动取得了显著的销售效果。其中，某款明星产品的转化率和销售额占比均较高，说明该产品是活动的销售亮点。
- 优化建议：AI模型还根据数据分析了不同环节和产品的表现，为品牌方提供了优化建议。例如，对于互动率较低的环节，可以调整话术或增加互动元素来提高受众参与度；对于销售额较低的产品，可以优化产品介绍或提供更有吸引力的优惠活动来提高转化率。

这个案例展示了AI在评估直播带货效果方面的具体应用。通过收集和分析直播带货过程中的各种数据指标，AI可以为品牌方提供客观、全面的评估结果和优化建议，帮助品牌方优化直播带货策略并提升活动效果。

7.6 案例实战：使用文心一言撰写直播带货推广文案

一场成功的直播带货活动需要精心策划的推广文案来吸引观众的注意。文心一言作为一款强大的语言模型，能够帮助我们快速生成具有吸引力和创意的推广文案。下面，我们将通过一个综合案例来展示如何使用文心一言撰写直播带货的推广文案。

1. 确定活动主题与直播带货商品

我们要举办一场以"夏日狂欢购"为主题的直播带货活动，推广的商品主要是夏季热销的年轻女性服装、鞋履和配饰。我们首先确定了活动的主题和定位，明确了直播带货的商品种类和目标受众。

2. 使用文心一言生成推广文案初稿

我们将活动主题"夏日狂欢购"、推广商品的特点及目标受众的特点等信息输入文心一言中。要求模型根据这些信息生成一段具有吸引力和创意的推广文案初稿。

第 7 章 AI 数字人直播带货营销策略 | 193

> 🔟 提问：
>
> 我们要举办一场以"夏日狂欢购"为主题的直播带货，推广的商品主要是夏季热销的年轻女性服装、鞋履和配饰。请你为这一场直播写一段推广文案。

> 🅰 回答：
>
> 夏日狂欢购，热力来袭！各位亲爱的小仙女们，你们期待已久的夏日盛宴，今天终于要拉开帷幕啦！🎉🎉
>
> 想象一下，阳光洒在肌肤上，微风轻拂发梢，你穿着我们精心挑选的夏季热销女装，脚蹬时尚鞋履，点缀着精致配饰，是不是感觉整个夏天都充满了活力与魅力？
>
> 这次"夏日狂欢购"活动，我们为大家准备了一系列年轻女性必备的夏日好物。无论是轻盈透气的连衣裙，还是彰显个性的T恤，抑或是舒适百搭的凉鞋，都能让你在炎炎夏日中焕发青春光彩。更有各式精美配饰，让你的造型更加出彩！
>
> 而且，我们还为大家准备了超多的优惠和福利！限时折扣、满减优惠、买赠活动……应有尽有，让你买得开心，买得实惠！
>
> 所以，亲爱的小仙女们，千万不要错过这场夏日狂欢购哦！快来加入我们的直播，一起挑选心仪的商品，享受购物的乐趣吧！👯👯
>
> 夏日炎炎，有你更甜！我们直播间不见不散，一起开启这场夏日的狂欢之旅吧！

文心一言根据我们的输入，快速生成了一段推广文案初稿。但是由于各个渠道的推广文案不一样，所以这里再细化要求，让文心一言生成更具推广的文案。

> 🔟 提问：
>
> 写一段适合在抖音平台发布的视频推广文案。

> 🅰 回答：
>
> 🎉 夏日狂欢购，抖音直播带你解锁时尚新姿势！🔥
> 抖友们，准备好迎接这个夏天最炫的时尚风暴了吗？👗👠

来我们的抖音直播间,让你秒变潮流引领者!我们精心挑选了众多年轻女性夏季热销服装、鞋履和配饰,每一件都是时尚爆款,让你轻松打造出独一无二的个性造型。👗✨

更有惊喜福利等你来拿!限时折扣、买赠活动,还有互动抽奖环节,让你在享受购物乐趣的同时,还能赢取丰厚奖品!💰🎁

别再犹豫了,赶快打开抖音,搜索我们的直播间,一起加入这场夏日时尚盛宴吧!让我们一起解锁时尚新姿势,展现你的无限魅力!💫✨

抖音直播,带你领略时尚新风尚,让你成为最炫的焦点!快来加入我们,一起嗨翻这个夏天吧!🎉✨

#夏日狂欢购 #抖音直播 #解锁时尚新姿势

3. 完善推广文案并加入亮点元素

为了吸引更多观众参与活动,我们在推广文案中重点突出了活动的亮点和优惠信息,如限时折扣、满减优惠、赠品等。通过生动的描述和具体的数字,让观众能够直观地感受到参与活动的价值和好处。

> 🔟 **提问:**
> 针对"限时折扣、买赠活动,还有互动抽奖环节"展开描述。

🔷 **回答:**
以下是针对"限时折扣、买赠活动,还有互动抽奖环节"展开的文案描述。

✨ 限时折扣,抢购不停歇!💧

在"夏日狂欢购"活动期间,我们特意为您准备了限时折扣优惠!无论是时尚女装、潮流鞋履还是精致配饰,都有惊喜折扣等你来拿!快来抢购你心仪的商品,享受超值的购物乐趣吧!

🎁 买赠活动,好礼送不停!💝

购物不仅有折扣,更有丰厚赠品等你来领!只要购买指定商品,就能获得我们精心准备的赠品一份。数量有限,先到先得哦!快来挑选你喜欢的商品,带走属于你的惊喜礼物吧!

🍀 互动抽奖,好运连连看!✨

参与我们的互动抽奖环节,还有机会赢取更多豪华大奖!在直播间内积极互动、分享你的购物心得或晒出你的穿搭照片,都有机会成为幸运儿!快来参与抽奖,让好运连连降临吧!

在"夏日狂欢购"活动期间,我们为您准备了多重福利和惊喜,让您购物更开心、更划算。快来加入我们的抖音直播间,一起享受这场时尚盛宴吧!
🧑‍🤝‍🧑

#夏日狂欢购 #限时折扣 #买赠活动 #互动抽奖 #夏日狂欢购 #抖音直播 #解锁时尚新姿势

4. 多渠道发布与推广

我们将完善后的推广文案发布到了多个渠道,包括社交媒体平台、电商平台、短视频平台等。这些渠道具有广泛的覆盖面和精准的受众定位,能够帮助我们快速吸引目标受众的关注。

除了发布推广文案外,我们还结合了其他推广手段,如合作推广、广告投放等。通过与相关品牌或意见领袖进行合作,扩大活动的影响力和曝光度;通过投放广告,精准触达潜在受众,提高活动的转化率。

5. 评估效果与总结

在活动结束后,我们对推广文案的效果进行了评估。通过分析观众的参与度、购买转化率等数据,我们可以了解推广文案的吸引力和影响力,为未来的直播带货提供经验和参考。

通过本次使用文心一言撰写直播带货推广文案的实践,我们总结了一些经验和教训。例如,在输入信息时要尽量详细和准确,以便模型生成更符合需求的文案;在修改和调整文案时,要注重保持风格和语言的一致性,提升整体效果。

通过这个综合案例,我们可以看到文心一言在撰写直播带货推广文案方面的应用价值。它能够帮助我们快速生成具有吸引力和创意的初稿,并提供灵感和思路。我们可以根据自己的需求和风格进行完善和调整,最终呈现出一份高质量的推广文案。这将有助于提升活动的曝光度和参与度,为主播们带来更多的商业机会和收益。

【点拨】AI 在直播中的应用

1. AI 在直播中的应用——实时翻译

AI在直播中的应用还很多，比如实时翻译。以一场跨境电商直播为例，在这场直播中，主播用中文介绍商品，而观看直播的观众可能来自不同的国家和地区，使用不同的语言。为了解决这个问题，可以使用AI实时翻译技术。

当主播用中文进行直播时，AI翻译系统会同时接收并识别主播的语音内容。然后，通过自然语言处理技术和机器翻译算法，将这些中文内容实时翻译成目标语言，如英语、西班牙语、法语等。翻译后的内容会以文字形式显示在直播界面上，供不同语言的观众阅读和理解。

这样一来，不同国家的观众就能够实时理解主播的介绍和推荐，从而更好地参与直播互动和做出购买决策。这也为跨境电商提供了更广阔的市场机会，促进了国际贸易的发展。

AI的实时翻译技术不仅能够拓宽市场、提升用户体验和品牌形象，还能够促进销售业绩的增长，为电商行业带来更多的机遇，如下所示。

- 打破语言障碍，拓宽国际市场：实时翻译技术使电商直播能够覆盖更广泛的受众群体，无论观众来自哪个国家、使用何种语言，都能实时理解直播内容。这极大地拓宽了电商的潜在市场，使商家能够接触到更多国际消费者，促进跨国交易。

- 提升用户体验，增强用户黏性：对于多语言用户来说，实时翻译技术能够消除语言障碍，使他们更顺畅地参与直播互动，提升用户体验。同时，这种技术也有助于增强用户黏性，因为用户能够更容易地理解和参与直播，从而更愿意在直播间停留和购物。

- 促进文化交流，增强品牌形象：实时翻译技术不仅有助于商业交易，还能够促进不同文化之间的交流和理解。通过翻译直播内容，商家能够向国际消费者展示其品牌文化和产品特色，增强品牌形象和消费者认知度。

- 提高销售转化率，促进业绩增长：由于语言障碍的消除，国际消费者能够更好地了解产品信息，从而提高购买意愿和转化率。这对于电商来说是非常重要的，因为销售额和业绩的增长是衡量其成功的关键指标之一。

2. 设计直播互动环节与分享机制

直播间的互动环节和分享机制可以有效地提高观众的参与度和观看体验，同时也能扩大直播的影响力和促进产品销售。

1）设计直播互动环节

通过精心设计直播互动环节，可以提高观众参与度，增强直播的趣味性和吸引力。直播中常见的互动环节如表7-5所示。

表7-5 直播中常见的互动环节

互动环节名称	要点内容
问答互动	• 设计与直播内容相关的问题，可以是关于产品特点、使用技巧或行业知识等的问题 • 在直播过程中适时提出问题，并邀请观众在弹幕或评论区回答 • 对于积极参与互动并正确回答问题的观众，可以给予小礼品、优惠券或积分等奖励
投票互动	• 准备几个投票选项，可以是关于观众喜好、意见调查或产品选择等的选项 • 通过弹幕投票、评论投票或专门的投票工具进行投票 • 实时展示投票结果，并与观众一起讨论和分析投票结果
抽奖互动	• 设置抽奖环节，观众参与互动（如发送弹幕、评论、点赞等）即可获得抽奖机会 • 抽奖奖品可以是实物奖品、优惠券或积分等 • 确保抽奖过程公平透明，可以使用随机抽奖工具或第三方抽奖平台进行抽奖

续表

互动环节名称	要点内容
游戏互动	• 设计与直播内容相关的互动游戏，如猜价格、连线题、快速抢答等 • 观众参与游戏并获胜，可以获得奖品或积分等奖励 • 游戏规则要简单明了，确保观众能够快速参与和理解
观众分享互动	• 邀请观众分享自己的使用心得、搭配建议或直播中的有趣瞬间 • 可以设置专门的分享环节，或者鼓励观众在弹幕和评论区分享 • 对于分享的观众，可以给予感谢、点赞或额外的奖励
限时互动	• 设置限时互动环节，如限时秒杀、限时折扣等 • 在限定时间内，观众可以享受特别优惠或参与特别活动 • 倒计时和提醒功能可以增加紧张感和观众参与度

在设计时还要考虑观众的兴趣和需求，同时确保互动环节简单易懂、有趣有奖，以提高观众的参与度和直播的吸引力。例如，一家时尚服装品牌的电商直播中，主播正在展示新款夏季服装，其互动环节如下。

• 提问：主播在展示每款服装时，会提出与服装相关的问题，如"这款连衣裙适合什么场合穿着？"或"大家更喜欢哪种颜色的T恤？"

• 观众参与：观众在弹幕或评论区回答问题，提出自己的看法和喜好。

• 奖励机制：对于回答正确或提出有创意看法的观众，主播会送出优惠券或积分奖励。

• 效果：这种问答互动不仅增加了观众的参与度，还能帮助主播了解观众的喜好和需求，为后续的推荐和销售提供了依据。

2）设计直播分享机制

通过设计合理的分享激励机制、提供多样化的分享渠道与工具，以及持续追踪和优化分享效果，可以有效扩大直播内容的传播范围并提高观众参与度，进而提升直播的影响力和商业价值。表7-6为一个直播分享机制的设计方案。

表7-6 直播分享机制的设计方案

名称	细分名称	具体内容
分享激励机制	内容吸引力	确保直播内容具有足够的吸引力。高质量、有趣、实用的内容更容易激发观众的分享欲望
	奖励机制	设置明确的奖励机制,鼓励观众分享直播内容。例如,观众在分享直播后,可以获得积分、优惠券、小礼品等奖励
	分享目标	明确分享目标,如分享到特定社交平台、邀请特定数量的观众等。观众达到分享目标后,可以获得额外的奖励
分享渠道与工具	社交平台分享	提供易于操作的分享按钮,让观众可以轻松将直播内容分享到微信、微博、抖音等社交平台
	专属分享链接	为每个观众生成专属的分享链接,观众可以通过该链接邀请好友观看直播。当好友通过链接进入直播间时,系统可以自动识别并奖励分享者
	二维码分享	生成直播二维码,观众可以通过扫描二维码快速进入直播间。同时,鼓励观众将二维码分享到线下场景,如海报、传单等
分享效果追踪与优化	分享数据统计	追踪和分析分享数据的统计信息,如分享次数、分享来源、分享转化率等。这些数据可以帮助我们了解分享效果,为优化分享机制提供依据
	分享效果评估	定期对分享效果进行评估,分析哪些分享渠道和方式更有效,哪些内容更容易激发观众的分享欲望。根据评估结果,调整分享策略和奖励机制
	持续优化与创新	随着直播分享机制的不断运行,可能会遇到新的挑战和机遇。因此,需要持续优化和创新分享机制,以适应不断变化的市场环境和观众需求

将分享机制细节化后,可以生成分享文案或脚本。图7-44为小红书

上的一篇直播分享文案，旨在通过分享计划，提高直播内容的传播范围。

图7-44 小红书上的一篇直播分享文案

第8章

AI 数字人直播带货实战指南

AI 数字人直播带货的首要任务是充分做好直播带货前的各项准备工作。在筹备阶段，我们必须对 AI 数字人的形象设计进行精心打磨，确保其既符合品牌形象，又能吸引观众的眼球。同时，深入了解目标受众的需求和喜好，以便在直播过程中精准推送符合他们口味的产品。此外，还要确保直播平台的稳定性，避免因技术故障而影响直播效果。在产品方面，选择质量过硬、性价比高的商品至关重要，这将直接关系到观众的购买意愿和直播的带货能力。

进入实战阶段，我们需充分利用 AI 数字人的优势，通过互动游戏、抽奖等方式增强观众的参与感，营造热烈的直播氛围。在直播过程中，注重产品细节展示，让观众全面了解产品特性。同时，结合数字人的特点，运用生动有趣的语言进行产品介绍，提升观众的购买欲望。此外，与观众的实时互动也是关键一环，要及时回答观众的提问，解决他们的疑虑，建立信任关系。在直播结束后，还要对直播效果进行复盘分析，总结经验教训，为下一次直播提供改进方向。

通过本章的学习，我们将深入了解 AI 数字人直播带货的实战技巧。掌握这些技巧，将有助于我们在直播带货领域取得更好的成绩，提升品牌影响力和产品销量。

8.1 AI 数字人直播带货前的准备工作

直播带货流程的重要性在于它可以提高直播效率、增强用户体验、促进销售转化与提升品牌形象等。想要做好这方面的工作,需要先了解带货流程规划与操作,如 AI 数字人直播素材准备、直播预热、选择类目及选择时段等。

8.1.1 AI 数字人直播素材准备

直播素材准备对于提升直播质量、增强品牌形象、提高观众参与度和促进产品销售等方面都具有重要的作用。因此,在直播前充分准备和选择高质量的直播素材是至关重要的。AI 数字人在进行直播时,同样需要准备相应的直播素材。具体的准备内容如图 8-1 所示。

图 8-1 AI 数字人直播素材准备

1. 背景素材

要想打造一个专业且吸引人的直播环境,可以选择与直播主题相符的背景图片或视频。例如,如果直播主题是关于旅行的,那么可以选择一些美丽的风景图片或旅行视频作为背景。背景素材的准备主要从以下两方面入手。

- 图片或视频选择:选择与直播内容相关的背景图片或视频。例如,如果直播是关于户外活动的,可以选择风景优美的自然图片或视频作为背景。

- 色调和风格:背景的色调和风格应与品牌形象和直播主题保持一致。如果品牌形象偏向年轻化、活力化,可以选择鲜艳、对比度高的色彩和动感的背景风格。

2. 形象素材

AI数字人的形象设计也是非常重要的一环。可以准备一些与直播主题或品牌形象相符的服装、发型、配饰等素材，用于打造独特的AI数字人形象。形象素材准备主要从以下两方面入手。

- 服装与配饰：根据直播的主题和品牌定位，为AI数字人选择合适的服装和配饰。例如，如果直播是关于时尚穿搭的，可以选择当季流行的服装和配饰来展示。
- 发型与妆容：可以根据直播内容和品牌形象来设计独特的发型和妆容，使AI数字人更具吸引力。

3. 道具素材

在直播过程中，可能需要使用一些道具来增强互动性或更好地展示产品。例如，可以准备一些与直播主题相关的道具，如化妆品、食品、玩具等。道具素材的准备主要从以下两方面入手。

- 产品展示道具：为了更好地展示产品，需要准备与产品相关的道具，如展示架、托盘等。这些道具可以帮助观众更清晰地看到产品的细节和特点。
- 互动道具：在直播过程中，可能需要使用一些互动道具来增强观众的参与感。例如，可以准备一些小礼品或抽奖道具，在观众互动环节使用。

同时，还需要做好技术支持准备和内容脚本准备。技术支持准备主要体现在直播软件、硬件与网络连接方面。直播软件、硬件包括摄像头、麦克风、绿幕等，这些设备可以帮助AI数字人更好地将产品展示给观众。还要在直播前测试网络连接速度和稳定性，以避免直播过程中出现卡顿或断线等问题。

内容脚本准备主要是为AI数字人设计详细的话术和流程，使其能够更好地与观众互动并介绍产品。话术和脚本应根据直播内容和品牌形象来定制，以确保其真实、自然且具有吸引力。

以某知名化妆品品牌为例，在其推出的AI数字人直播带货的活动中，为了营造一个专业且吸引人的直播环境,品牌方选择了与化妆主题相符的高清背景图片,并设计了独特的AI数字人形象。在直播过程中,AI数字人使用了专业的化妆道具和化妆品,通过现场演示和互动问答等方式,向观众展示了产品的特点和优势。同时,品牌方还准备了与直播主题相关的背景音乐和特效,增强了直播的趣味性和互动性。

8.1.2 AI 数字人直播开播操作

无论是AI数字人还是真人开播,都需要进行直播平台的注册和登录,设置直播间的基本信息,如标题、封面等。同时,需要进行直播设备的调试和网络连接的测试,以确保直播过程的顺畅进行。这里以在抖音平台直播为例,介绍直播开播操作。

第1步 手机端登录"抖音"App进入抖音首页,点击 按钮,如图 8-2 所示。

第2步 系统自动跳转至"快拍"页面,点击右侧的"开直播"按钮,如图 8-3 所示。

图 8-2 点击 按钮

图 8-3 点击"开直播"按钮

第3步 ▶ 系统自动跳转至"视频直播"页面，默认显示上次直播的封面和标题，可对这些信息进行修改（这里以修改标题为例，输入标题，点击"完成"按钮即可），如图8-4所示。

第4步 ▶ 点击"开启位置"按钮，可选择显示位置或隐藏位置（这里以选择"显示位置"为例，让附近的人看到直播间），如图8-5所示。

第5步 ▶ 点击"所有人可见"按钮，可设置直播可见范围（这里以选择"公开：所有人可见"为例，让所有人看到直播间），如图8-6所示。

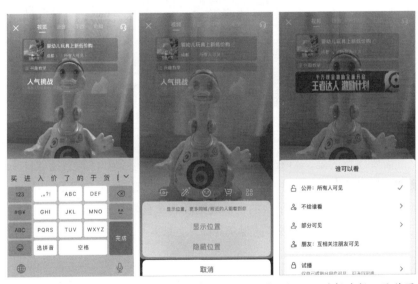

图8-4　修改标题　　图8-5　选择"显示位置"　　图8-6　选择直播可见范围

第6步 ▶ 点击"选择直播内容"按钮，可设置直播内容（这里以选择"兴趣教学"为例，如图8-7所示）。

第7步 ▶ 设置好直播封面、标题、位置等信息后，点击"开始视频直播"按钮，如图8-8所示。

第8步 ▶ 系统自动跳转至抖音直播开播页面，如图8-9所示。

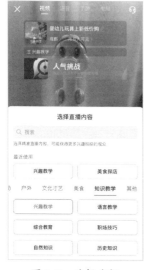 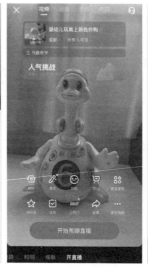 

图 8-7 选择直播内容页面　　图 8-8 点按"开始视频直播"按钮　　图 8-9 抖音直播开播页面

需要注意的是，AI 数字人直播需要借助虚拟形象和虚拟直播软件来实现，因此在操作过程中需要确保这些工具的稳定性和自己的熟练度。同时，也需要根据抖音平台的直播规则和观众喜好来制定合适的直播内容和互动方式，以吸引更多的观众并提升直播效果。

8.1.3 AI 数字人直播预热

开展 AI 数字人直播预热工作是非常必要的。第一，通过预热工作，可以提前向观众透露直播的时间、主题和内容，激发观众的期待感。观众在得知即将有精彩的直播内容后，会更愿意提前关注和参与，从而提高直播的观看人数和互动率。

第二，预热工作可以通过各种渠道和方式进行，如社交媒体、广告推广、合作伙伴等，吸引更多的潜在观众关注和参与直播。这不仅可以扩大直播的影响力，还可以增加品牌的曝光度和知名度。预热工作的开展主要包括 3 点，如图 8-10 所示。

图 8-10　预热工作的开展

1. 制订预热计划

制订预热计划是预热工作的核心,它决定了预热活动的整体框架和方向。在制订计划时,需要考虑到预热的时间线、宣传内容、传播渠道及互动方式等多个方面。

以某知名电商平台为例,在进行大型促销活动前,他们制订了一个详细的预热计划。计划中包括了从活动前一周开始的每日宣传内容安排,如每日发布一款促销商品的预告,同时配以吸引人的折扣信息和限时抢购的提示。在传播渠道上,他们选择了平台内的通知、社交媒体广告、电子邮件推送等多种方式,确保信息能够覆盖到尽可能多的目标用户。

2. 创建预热内容

预热内容是吸引观众关注的关键。创建预热内容时,要注重内容的创新性和吸引力,同时确保与直播主题紧密相关。内容形式可以多样化,如海报、视频、文字介绍等。

例如,某时尚博主在准备一次关于时尚穿搭的直播前,创建了一系列预热内容。她设计了一系列精美的海报,展示了不同风格的穿搭,并配以吸引人的文案。此外,她还制作了一段短视频,展示了她在直播中将要分享的穿搭技巧和时尚单品。这些内容在社交媒体上发布后,迅速引起了粉丝们的关注和期待。

3. 发布预热内容

发布预热内容是预热工作的最后一步,也是至关重要的一步。发布时要选择合适的渠道和时机,确保目标受众能够看到并了解即将到来的直播。同时,要关注发布后的反馈,及时调整策略。

例如，一家新兴游戏公司在即将发布新游戏时，通过多个渠道发布了预热内容。他们在官方网站和社交媒体上发布了游戏的概念海报和预告片，同时还与一些知名游戏博主合作，让他们提前试玩游戏并分享体验。此外，他们还利用广告投放平台，将预热广告精准推送给目标用户。这一系列预热内容的发布，成功吸引了大量玩家的关注和期待，为新游戏的发布奠定了坚实的基础。

通过以上讲解和实际案例，我们可以更好地理解如何制定预热计划、创建预热内容及发布预热内容，为数字人直播的成功打下坚实的基础。

知名自媒体人罗永浩在开始第一场抖音直播之前，就做了很多直播预热工作。其中一条预热短视频获赞80万，如图8-11所示。经过多个直播预热内容的发布，罗永浩的直播首秀取得了傲人成绩。

罗永浩在抖音直播首秀的预热工作有许多值得学习的地方，具体如图8-12所示。

图8-11 罗永浩直播预热截图

- 提前规划并持续预热：罗永浩的直播首秀预热持续了一个多月，这种长时间的预热策略有助于持续吸引观众关注，并增加观众对直播的期待感。对于任何直播活动，提前规划并持续进行预热都是至关重要的，这有助于确保观众在直播当天有足够的兴趣和参与度。

- 利用社交媒体互动：罗永浩

图8-12 罗永浩直播预热值得学习的地方

在预热期间通过微博等社交媒体平台与粉丝互动，如发起投票、回应网友评论等，这不仅增加了粉丝的参与度，也提高了直播的曝光度。对于主播来说，利用社交媒体与粉丝互动是预热的有效方式，可以增加粉丝的黏性和期待感。

- 发布系列预告视频：罗永浩在预热期间发布了一系列针对直播当天的带货清单、为粉丝砍价等主题的预告视频，这些视频成功撩拨起网友的好奇心，增加了他们对直播的期待感。
- 与平台合作进行推广：抖音作为直播平台，也为罗永浩的直播首秀提供了大力支持，包括给予足够的曝光和推广资源。这表明与平台合作进行推广也是一种有效的预热策略，可以扩大直播的影响力和宣传范围。

8.1.4　AI 数字人直播普遍适应的类目

类目选择对于直播的重要性体现在多个方面，包括匹配受众兴趣、塑造专业形象、提高销售转化率等。因此，在进行直播前，主播应充分考虑自己的兴趣、专业知识和市场需求等因素，选择适合的类目进行直播。

- 匹配受众兴趣：选择适合直播的类目能够确保内容吸引目标受众。如果选择的类目与主播或平台的受众群体的兴趣不匹配，可能导致观众参与度低，直播效果不理想。通过选择与受众兴趣相符的类目，能够增加观众的参与度和黏性，提高直播的观看率和互动率。
- 塑造专业形象：选择自己熟悉和擅长的类目，有助于主播塑造专业形象。当主播在直播中展示对某个类目的深入了解和专业知识时，能够增加观众的信任感，提高其在该领域的权威性。这种专业形象有助于建立稳定的观众群体，并吸引更多潜在受众。
- 提高销售转化率：选择合适的类目对于电商直播尤为重要。选择受欢迎、有市场需求的类目，能够增加直播中的产品销售量。同时，通过深入了解所选类目的产品特点和受众需求，主播可以更有针对性地推荐产品，提高销售转化率。
- 促进品牌合作：选择具有商业价值的类目，有助于主播与品牌商建立合作关系。品牌商通常更倾向于与在特定类目中具有影响力和专业性的主播合作，以扩大品牌曝光度和提高销售额。通过与品牌商的合作，主播可以获得更多优质的直播资源，进一步提升自己的影响力。

- 优化内容策划：类目选择有助于主播在直播前进行内容策划。通过对所选类目的深入了解和分析，主播可以制定更具针对性的直播内容、互动环节和营销策略，提高直播的吸引力和参与度。

那么，适合 AI 数字人的类目有哪些呢？表 8-1 展示了一部分。

表 8-1 适合 AI 数字人的部分类目

类目名称	适合原因
快消品、零食、日用百货	这些类目的产品通常需要频繁的展示和介绍，而虚拟人主播可以全天候在线，不受时间和地点的限制，为消费者提供便捷的购物体验。虚拟人主播的自动回复和互动功能有助于提升用户体验，增强用户的参与感
服装、美妆等时尚类目	这些类目的产品通常需要展示其款式、颜色、质地等细节，而虚拟人主播可以通过高清的展示和详细的介绍，让消费者更好地了解产品特点。同时，虚拟人主播还可以通过与消费者的互动，帮助他们选择适合自己的产品
家居、数码等品类	这些类目的产品通常需要展示其使用场景、功能特点等，而虚拟人主播可以通过生动的演示和详细的解说，让消费者更好地了解产品的使用方法和优势

为什么这些类目适合使用数字人直播呢？主要原因有以下几点。

- 提高效率和降低成本：数字人主播可以实现 24 小时不间断直播，大大提高了直播的时长和效率。同时，无须为数字人主播支付工资、社保等费用，降低了企业的用人成本。
- 增强展示效果：数字人主播可以通过高清的展示和详细的介绍，让消费者更好地了解产品特点和优势。同时，数字人主播还可以通过与消费者的互动，提升消费者的购物体验。
- 吸引流量和提升品牌知名度：数字人主播的形象通常比较新颖、独特，能够吸引更多的观众关注和参与互动。通过数字人直播，企业可以扩大品牌曝光度，提升品牌知名度和美誉度。

这些类目的产品特点使数字人直播成为一种有效的营销手段，能够提高企业的销售效率和降低成本，同时增强展示效果、吸引流量和提升品牌知名度。

8.1.5　AI 数字人直播时段的设置和选择

选择直播时段是确保直播效果最大化的关键步骤之一，时段能够直接影响到直播的观看人数、互动率、转化率等多个关键指标。需要精心选择直播时段的原因有以下几个。

- 目标受众匹配：不同的受众群体在不同的时间段可能有不同的活跃度和观看习惯。精心选择直播时段可以确保你的直播内容与目标受众的观看习惯相匹配，从而提高直播的曝光率和参与度。
- 竞争环境分析：直播行业竞争激烈，不同时段的竞争情况也会有所不同。通过精心选择直播时段，可以避开高峰期，减少与其他大型主播的竞争，从而增加自己的观众留存率和互动率。
- 用户需求满足：了解用户的观看需求并选择合适的直播时段，可以更好地满足用户需求，提高用户的观看体验和满意度。这有助于建立稳定的观众群体，提高用户黏性。
- 品牌形象塑造：选择一个固定的直播时段，有助于塑造稳定的品牌形象。通过定期在特定时段进行直播，可以培养观众的观看习惯，提高他们对品牌的认知度和忠诚度。
- 流量获取和转化：精心选择直播时段还可以帮助主播获取更多的流量和转化机会。例如，在平台流量较高的时段进行直播，可以吸引更多的观众进入直播间。同时，根据产品特点和受众需求选择合适的直播时段，也可以提高转化率和销售额。

由此可见，精心选择直播时段对直播而言有着重要作用。那么，适合数字人的直播时段有哪些呢？

首先，晚上 10 点到凌晨 2 点的深夜时段。在这个时间段，很多真人主播可能已经下播，而仍有部分观众在线。数字人可以通过预先设定的回复和互动功能，与观众进行实时互动，为观众解答疑问，提供购买建议等。由于数字人无须休息，可以全天候在线，因此深夜时段对于数字人来说是一个很好的时段。

其次，早上6点到8点的时段。在这个时间段，很多人可能正在准备上班或上学，需要一些轻松愉快的内容来开始新的一天。数字人可以分享一些晨间问候、天气预报、健康小贴士等内容，为观众带来一天的好心情。

最后，工作日中午时段，如中午12点到下午1点，这是很多人午休的时间。在这个时间段，数字人可以播放一些轻松的音乐，分享一些美食、旅游等内容，为观众带来片刻的放松和享受。

需要注意的是，适合数字人直播的时段可能因平台、受众群体和内容类型等因素而有所不同。因此，在选择具体的直播时段时，数字人主播需要综合考虑多个因素，包括目标受众的观看习惯、竞争环境、内容特点等。同时，还需要进行实际测试和调整，以找到最适合自己的直播时段。此外，数字人直播的成功还取决于直播内容的质量和吸引力，因此主播需要注重内容策划和创新，以吸引更多用户的关注和留存。

8.2 AI数字人直播带货的实战技巧

数字人直播带货的形象设计、互动量和带货能力都是非常重要的，这些共同构成了数字人直播带货的核心要素，对于提高直播效果、增加销售额和树立品牌形象都起到了关键作用。因此，在进行数字人直播带货时，需要重视这些方面的设计和优化，以提升整体的直播效果和销售业绩。

8.2.1 精准塑造直播形象与角色定位，提升观众黏性与品牌魅力

直播形象和角色定位在直播过程中具有极其重要的作用。它们不仅

有助于主播建立专业形象、增强观众黏性、提高转化率，还能帮助品牌塑造良好的形象。因此，在直播过程中，主播和品牌都应该重视直播形象和角色定位的塑造和选择。

就建立专业形象而言，一个专业且吸引人的形象可以帮助主播在竞争激烈的直播市场中脱颖而出。主播的形象、着装、妆容及言谈举止等，都是塑造专业形象的关键要素。一个专业的形象能够提升观众对主播的信任度，从而增加他们停留在直播间的时间。特别是对于直播带货的主播来说，一个清晰的角色定位可以大大提高转化率。当主播以专业的身份推荐产品时，消费者更容易相信其专业度和推荐，从而增加购买的可能性。

那么，AI数字人在形象和角色定位方面应该如何选择呢？选择合适的数字人直播形象时，需要考虑多个方面，包括目标受众、直播内容、品牌形象、技术可行性等。图8-13是一些适合数字人直播的形象类型。

图8-13　适合数字人直播的形象

1. 卡通形象

卡通形象通常色彩鲜艳、造型可爱，适合用于轻松、娱乐的直播内容。可以选择一个具有鲜明个性的卡通人物作为数字人主播，通过动画形式呈现，吸引年轻用户的关注。

例如，百事可乐曾推出四大虚拟偶像，分别是百事PEPSI、美年达、百事可乐无糖和7喜。这些虚拟偶像以卡通形象出现，具有鲜明的个性和活力，与年轻人进行互动，传递百事可乐的品牌精神。

2. 真人形象

如果直播内容需要呈现更加真实、专业的形象，可以选择使用真人形象。例如，可以通过3D建模技术创建一个高度逼真的数字人形象，用于教育、科技等领域的直播。

例如，天猫曾推出数字人主播"天猫小黑盒"，它是一个高度逼真的3D数字人形象，可以模仿真人的动作和表情，进行实时的直播互动。这种形象适合用于专业、高端的直播场景。

3. 品牌吉祥物

如果直播是为了推广某个品牌或产品，可以选择使用品牌的吉祥物作为数字人形象。这样能够更好地体现品牌形象，增强品牌认知度。

例如，麦当劳与数字人希加加合作，通过裸眼3D视觉技术创造了一场别开生面的"吃汉堡的数字人"广告。希加加作为麦当劳的品牌吉祥物，以其独特的形象和魅力吸引了消费者的关注。

4. 行业代表形象

如果直播内容针对特定行业或领域，可以选择使用与该行业或领域相关的代表形象。在游戏直播中，游戏角色或游戏相关的虚拟形象常常作为直播的代表形象。例如，腾讯游戏的虚拟形象"腾讯小企鹅"常常出现在游戏直播中，与玩家进行互动，提升游戏体验。

在选择数字人直播形象时，需要注意以下几点。

- 与目标受众的匹配度：确保所选形象能够吸引目标受众的关注和喜爱。
- 与直播内容的契合度：所选形象应与直播内容相符合，能够呈现出直播的主题和特色。
- 技术实现的可行性：所选形象应能够通过现有的技术手段实现，避免技术限制影响直播效果。
- 可塑性和扩展性：所选形象应具有一定的可塑性和扩展性，以便在未来根据需要进行调整或升级。

通过精心选择和设计，可以打造出一个独特且吸引人的数字人形象，为直播的成功打下坚实的基础例如,"认养一头牛"直播间的数字人主播"一头"是一个独特的虚拟形象,如图8-14所示,它在直播中起到了重要的作用,为观众带来了全新的直播体验。

首先,从形象设计上来看,"一头"作为数字人主播,具有鲜明的个性和特点。它可能以一头可爱的卡通牛的形象出现,或者是一个拟人化的卡通形象,拥有生动的表情和动作。这种形象设计使"一头"能够吸引观众的注意力,并与品牌形象相契合,传递出品牌的核心价值。

其次,"一头"在直播间中扮演着多重角色。它不仅是直播内容的引导者,负责介绍产品、与观众互动,还是品牌形象的代言人。通过与观众实时互动、分享有趣的内容和产品信息,它成功吸引了观众的兴趣,提高了直播间的活跃度和观众的黏性。

此外,"一头"还具备先进的技术支持,能够在直播间中展现出丰富的动态效果和互动功能。例如,它可以通过CG动画和AR技术,与真实

图8-14 "认养一头牛"直播间的数字人主播形象

环境进行融合,为观众带来更加生动和有趣的视觉体验。同时,它还可以与观众进行实时互动,回答观众的问题,甚至与观众进行游戏和互动,增强了直播的趣味性和参与感。

最后,"一头"作为数字人主播,在直播间的应用也取得了显著的成绩。通过与观众的有效互动和品牌传播,它成功提升了观众对"认养一头牛"品牌的认知度和好感度。同时,它也成为品牌形象的延伸,帮助品牌在直播市场中树立了独特的形象,增加了品牌的辨识度和竞争力。

8.2.2 强化互动与吸引力，打造沉浸式直播体验，引领商业变现新潮流

数字人直播间的互动性和吸引力对于提升观众参与感、提升品牌形象与认知度、提升商业变现能力及顺应行业发展趋势都具有重要意义。在设计和实施数字人直播时，品牌和企业应注重提升这两个方面的表现，以打造更好的直播体验。

提高数字人直播的互动性和吸引力可以从多个方面入手，以下是一些建议。

- 设计吸引人的虚拟形象：数字人的形象设计应该独特、有趣，能够吸引观众的注意力。可以考虑使用鲜艳的颜色、有趣的造型或与品牌形象紧密相关的设计元素，让数字人在视觉上脱颖而出。
- 使用先进的交互技术：利用先进的交互技术，如语音识别、动作捕捉等，让数字人能够与观众进行实时互动。例如，观众可以通过语音或手势与数字人进行交流，这种互动方式会让观众感到更加新鲜有趣。
- 引入游戏元素和竞赛活动：在直播中引入游戏元素和竞赛活动，可以激发观众的参与热情。例如，可以设计一些与直播内容相关的游戏或竞赛，让观众参与其中，赢取奖品或优惠。这种方式不仅能够增加互动性，还能够提升观众对品牌的认知度。
- 提供有价值的内容：直播内容应该有价值和吸引力，能够满足观众的需求和兴趣。可以邀请行业专家或意见领袖进行分享，提供专业知识或独特见解；也可以分享一些有趣的生活方式、消费推荐等内容，吸引观众的关注。
- 利用社交媒体和粉丝互动：在社交媒体平台上积极与粉丝互动，回应评论和问题，增强粉丝的归属感和忠诚度。同时，可以通过社交媒体宣传直播活动，吸引更多观众参与。

以数字人主播"柳夜熙"为例，讲解她的直播间是如何提高互动性和吸引力的。柳夜熙是一个数字人形象，她以虚拟美妆达人的身份出现，带着元宇宙的标签，在极短的时间内就成功吸引了大量粉丝。她不定期

通过直播平台与观众进行互动，分享各种有趣的内容、回答问题、展示才艺等，从而提升观众的参与度和忠诚度，如图 8-15 所示，该账号截至 2024 年 3 月已积累了 800 多万粉丝。

柳夜熙的直播间主要通过以下几方面提升互动性和吸引力。

- 独特的虚拟形象与人格化设定：柳夜熙作为一个独特的数字人形象，其设计本身就很吸引人。她的形象时尚、前卫，符合现代年轻人的审美，这使观众在第一眼就被吸引。同时，她的人格化设定也很成功，有着自己的喜好、个性和故事背景，这使观众更容易与她产生情感共鸣。

图 8-15　数字人主播"柳夜熙"抖音账号主页

- 实时互动：直播间采用了先进的实时互动技术，如语音识别、动作捕捉等，使柳夜熙能够与观众进行实时互动。例如，她可以根据观众的评论和提问进行即时回应，这种即时的反馈机制大大增强了观众的参与感和沉浸感。

- 多样化的互动环节：柳夜熙的直播间设置了多种互动环节，如抽奖、答题、连线 PK 等，这些环节不仅增加了直播的趣味性，也激发了观众的参与热情。观众可以通过参与互动获得奖励或与柳夜熙进行更深入的交流，这种参与感和获得感也是提升直播间吸引力的重要因素。

- 高质量的内容：除了以上技术手段和互动环节外，柳夜熙的直播间还注重内容的质量。她会分享一些与美妆、时尚、生活等相关的话题和知识，这些内容不仅有趣实用，也符合她的目标受众群体的需求。高质量的内容是提升直播间互动性和吸引力的关键。

8.2.3 揭秘商品销售新纪元，实现飞跃式增长的实操秘籍

商品销售不仅是直播间收入的重要来源，更是提升观众参与热情、建立品牌信任、强化品牌宣传与推广的关键所在。那么，如何巧妙运用数字人直播技术，实现商品销售的飞跃式增长呢？我们将通过表8-2进行详细解析。

表8-2 提高直播间商品销量的方法

方法	具体内容
选择合适的数字人形象	• 数字人形象的选择应与品牌或产品调性相符，能够吸引目标受众的注意力 • 考虑使用具有亲和力和可信度的数字人形象，以便建立与观众的信任关系
设计吸引人的直播内容	• 制定直播计划，包括主题、产品介绍、互动环节等，确保内容有趣且吸引人 • 利用数字人的特点，如动画效果、声音变化等，增加直播的趣味性和互动性
展示商品并分享使用心得	• 在直播中详细展示商品的特点、功能和优势，让观众了解产品的详细信息 • 分享使用心得和体验，让观众感受到产品的实用性和价值
提供购买链接和优惠活动	• 在直播过程中，提供明确的购买链接或二维码，方便观众直接购买商品 • 设计吸引人的优惠活动，如限时折扣、满减等，激发观众的购买欲望
与观众互动并解答疑问	• 鼓励观众在直播过程中提问和留言，及时回答他们的问题，解答疑虑 • 利用数字人的特点，如语音识别、动作捕捉等，与观众进行实时互动，提高观众的参与度和黏性

续表

方法	具体内容
利用社交媒体进行推广	• 在社交媒体上积极推广数字人直播，利用广告、合作推广等方式增加曝光度 • 与社交媒体上的意见领袖或网红合作，邀请他们参与直播或分享直播内容，扩大影响力

⊞【案例解析】

下面以快手打造的数字人主播"关小芳"的直播带货为例，来讲解销售产品的要点与策略。

关小芳于2021年在快手电商官方账号"快手小店"担任实习主播，她拥有自己的账号"关小芳一点也不慌"（图8-16为其账号主页），进行独立的短视频拍摄和直播活动。

关小芳的直播内容精彩纷呈，以商品种草、品牌合作及直播卖货为核心。在2023年盛大的"616实在购物节"期间，关小芳作为快手平台的官方数字人主播，凭借其出色的表现，在短短6月1日至18日这段时间内，带货总额惊人地突破了1.1亿元，吸

图8-16 数字人主播"关小芳一点也不慌"快手账号主页

引了高达1.4亿的观看人次。这一卓越的业绩充分展现了关小芳在直播带货领域的非凡实力和广泛影响力。她的成功带货并非偶然，背后离不开以下几点关键因素。

• 合适的数字人形象：关小芳的虚拟形象设计做得很好，既彰显了时尚的魅力，又不失接地气的亲和力，完美地展现了年轻、自信、活泼的特质。这一形象设计与快手平台的用户群体特性高度契合，如同一股清流，迅速吸引了大量年轻用户的目光与喜爱。关小芳的服装、发型和

妆容都经过精心打磨，融入了时尚与潮流的元素，使她的形象更加鲜活、立体。这样的设计不仅增强了用户的视觉享受，更提升了用户的黏性与参与度。

- 吸引人的直播内容：关小芳的直播内容以互动性和趣味性为核心，致力于打造一场场精彩绝伦的视听盛宴。在直播过程中，她时常与观众进行实时互动，通过举办游戏、抽奖等富有趣味性的活动，让每一位观众都能积极参与其中，感受到直播间的热闹与欢乐。

此外，关小芳还乐于在直播中分享自己的购物心得和产品使用体验。她以真挚的情感和生动的描述，向观众展示产品的真实面貌，让观众能够深入了解产品的特点和优势。这种真实、真诚的分享方式，不仅让观众感受到了产品的实用性和价值，也增强了观众对关小芳的信任和喜爱。

正是凭借这种真实、有趣且互动性强的直播内容，关小芳成功吸引了大量观众的关注，为产品的推广和销售注入了强大的动力。她的直播内容不仅提高了产品的曝光度和销量，也为观众带来了难忘的购物体验。

- 展示商品并分享使用心得：在直播过程中，关小芳始终秉持着对产品的专业态度和热爱，为观众带来详尽而深入的产品介绍。她不仅会详细介绍产品的特点、功能和优势，还会通过生动的语言和实例，分享自己的使用心得和体验。在细节展示方面，关小芳更是毫不含糊，她会仔细讲解产品的材质、做工及使用方法，确保观众能够全面了解产品的方方面面。

除了产品介绍，关小芳还会分享自己的购物经验和推荐理由，帮助观众更好地了解产品的性价比和实用性。她的分享总是充满真诚和热情，让观众感受到她对产品的热爱和信任，从而增加了观众对产品的信任度和购买意愿。

通过这样专业而细致的直播内容，关小芳不仅让观众全面了解了产品，更在观众心中树立起了良好的产品形象和口碑。她的直播不仅提升了产品的销量，更为品牌的长远发展奠定了坚实的基础。

- 提供购买链接和优惠活动：关小芳会在直播过程中提供明确的购买链接或二维码，方便观众直接购买商品。同时，她还会设计各种优惠活动，如限时折扣、满减等，吸引观众下单购买。这些优惠活动降低了购买门槛，提高了产品的性价比，增加了观众的购买动力。

- 与观众互动并解答疑问：关小芳在直播中非常重视与观众的互动与沟通，将观众的声音视作宝贵的反馈和建议。每当观众提出问题或疑虑，她都会耐心倾听并及时回应，用专业而耐心的解答消除他们的顾虑。通过与观众的频繁互动，关小芳成功建立起了一种深厚的信任关系，使观众对她的推荐更加信赖，购买意愿也随之增强。

不仅如此，关小芳还非常注重观众的反馈和意见。她认为，观众的建议是直播内容和产品推荐策略不断优化的关键。因此，她时常与观众交流，倾听他们的想法和需求，从而调整直播内容，使之更加符合观众的口味。同时，她也会根据观众的反馈来优化产品推荐策略，确保推荐的产品更加符合市场需求，提高产品的销量和用户满意度。

关小芳正是凭借这种注重与观众互动和沟通的方式，不仅赢得了观众的信任和喜爱，更为产品的推广和销售创造了良好的条件。

- 利用社交媒体进行推广：关小芳巧妙运用快手平台及其他社交媒体，精心策划了一系列推广宣传活动，以吸引更多用户的关注和参与。在快手平台上，她定期发布吸引人的直播预告和精彩片段，让粉丝们对即将到来的直播充满期待。同时，她还通过发布互动内容，与粉丝们建立了紧密的联系，提高了观众的参与度和黏性。

此外，关小芳深知合作推广的重要性，她积极与其他网红或意见领袖建立合作关系，共同推广产品。这种跨界合作不仅扩大了她的影响力，也提高了产品的曝光度和知名度。通过这些推广手段，关小芳成功地将产品推向了更广泛的受众群体，进一步提升了产品的销量。

关小芳在推广宣传方面展现出了出色的战略眼光和执行能力，她的推广手段不仅提升了产品的知名度和销量，也为她个人品牌的打造奠定了坚实的基础。

8.3 实践案例：虚拟偶像直播带货周边产品

"我是不白吃"是一个由团队打造的动漫IP形象，它最初是因为在短视频平台上发布以搞笑和美食为主题的短视频内容而走红。随着人气的积累，它逐渐发展成为一个拥有众多粉丝的虚拟主播，并在多个平台上进行直播活动。

相关数据表明，"我是不白吃"在某短视频平台上的直播累计销售额超过1000万元，关联多场直播。虽然与一些头部带货达人相比，其单场直播的销售额可能较低，但考虑到它是一个虚拟主播，并且并非完全专注于带货，这样的销售数据已经算是表现不错。此外，它的粉丝基础也很坚实，以抖音平台为例，拥有2600多万的粉丝，如图8-17所示。

图8-17 数字人主播"我是不白吃"抖音账号主页

2023年，它在抖音电商带货的GMV达到了千万级别，一年售出数十万份美食订单。

"我是不白吃"的直播内容涵盖了多个领域，包括美食、旅行、生活等。它以幽默风趣的语言和独特的视角，向观众介绍各种美食和旅行地点，分享生活经验和趣事。同时，它还与多个品牌合作，进行直播带货等商业活动。他们在直播带货的时候，具体的运营策略主要包括以下几点。

- 优质内容驱动：他们坚持以高质量的内容为核心，通过精心策划和制作的美食节目，吸引并留住观众。这些内容不仅具有娱乐性，还富有教育性和实用性，能够满足观众对美食知识和烹饪技巧的需求。
- 情感连接：他们善于利用情感元素，与观众建立深厚的情感连接。

通过分享美食背后的故事、烹饪心得及生活感悟，让观众感受到品牌的温度，从而增强对品牌的认同感和忠诚度。

- 互动参与：在直播过程中，他们注重与观众的互动，通过提问、抽奖、答题等方式，激发观众的参与热情。这种互动不仅提高了直播的趣味性，还有助于收集观众反馈，优化产品和服务。
- 精准选品：他们根据观众的需求和喜好，精心挑选直播产品。选品不仅关注产品的品质、口感和外观，还注重与品牌形象的契合度，确保所售产品符合观众的期待。
- 供应链整合：他们与各大生产基地、货源供应链建立了紧密的合作关系，确保产品的供应稳定、品质可靠。通过精细、专业的供应链管理，他们能够为观众提供健康、安全、美味的食品。

这些运营策略共同构成了"我是不白吃"直播带货的核心竞争力，使他们能够在激烈的市场竞争中脱颖而出，赢得观众的喜爱和信任。

尤其在选品方面，"我是不白吃"这一账号有着很好的借鉴意义。首先，他们专注于美食内容创作，与食品饮料品牌高度契合。这种对美食领域的专注使他们能够深入了解消费者的需求和喜好，从而选出更符合大众口味的产品。

其次，他们擅长将品牌属性与用户生活中的日常体验、美食文化相结合，撩拨用户深层次的情感共鸣，使其感受到品牌所传递的不同内涵与价值观。这种将品牌与用户的情感连接放在首位的策略，有助于增强消费者对品牌的认同感和忠诚度。

就目前而言，"我是不白吃"的直播选品主要包括食品、饮料及相关的生活用品，如厨房用具、餐具等。这些类目与他们的美食内容创作高度契合，也是观众在日常生活中经常接触和使用的产品。选择这些类目的原因有以下几点。

- 与内容主题相关：作为一个专注于美食领域的账号，"我是不白吃"的直播内容主要围绕美食的烹饪、品尝和分享。因此，选择食品、饮料等相关类目作为直播选品，能够直接与他们的内容主题相关联，提高观众的参与度和购买意愿。

- 市场需求大：食品、饮料等类目是日常生活中不可或缺的消费品，市场需求量大。选择这些类目作为直播选品，能够满足广大观众的购物需求，提高直播的转化率和销售额。
- 品质可控：作为一个负责任的媒体账号，"我是不白吃"注重产品的品质和安全性。他们通常会与有品质保障的品牌合作，对所选产品进行严格的筛选和测试，确保所售产品符合观众的期待和品质要求。
- 观众黏性高：美食是人们生活中不可或缺的一部分，而"我是不白吃"作为一个专注于美食领域的账号，能够吸引大量对美食感兴趣的观众。通过直播选品，他们能够与观众建立更紧密的连接，提高观众的黏性和忠诚度。

【点拨】如何用短视频预热直播？

利用短视频进行直播预热是一种有效且常见的方式，可以帮助主播吸引更多观众并提升直播效果。这主要是因为短视频具有直观、生动、易于传播的特点，能够迅速吸引观众的注意力并激发其兴趣。通过发布预热短视频，主播可以提前透露直播的主题、亮点或特色，引发观众的好奇心和期待感，从而增加观众进入直播间的概率和参与度。

此外，短视频平台通常具有庞大的用户群体和活跃的社交功能，主播可以利用这些优势扩大直播的曝光度和影响力。通过分享短视频到个人社交平台或与其他主播进行合作推广，可以进一步增加潜在观众的数量，提高直播的观看量和互动率。为了保证短视频预热的推广效果及降低推广成本，这里总结了预热短视频推广的基本步骤供大家参考，如表8-3所示。

表8-3　预热短视频推广步骤

步骤	要点
第一步：选择潜力作品投放	作品必须是原创首发的竖版视频，且与账号内容垂直，与往期主题一致；封面清晰且吸睛，标题突出主题

续表

步骤	要点
第二步：初次投放付费推广计划	初次投放，建议进行小额曝光测试；新账号可以选择5000以下的曝光量
第三步：投放效果评估	一看作品播放量；二看作品获粉成本；三看是否收到官方助推
第四步：追投	如果获粉成本符合预期，可按上次购买量持续投放；获粉成本比预期低，可加大曝光量投放；收到官方助推，可持续投放

在推广预热短视频的过程中，还应注意以下几点。

- 新账号先做沉淀：新账号不要着急做推广。因为对于新账号而言，首要工作是确保账号人设鲜明，风格统一。先做好沉淀工作后再去付费推广，否则花高价吸引来的粉丝会因为账号定位等问题而流失，得不偿失。
- 投放时长要充分：建议选择较长的投放时间，如6小时、12小时、或24小时等。时间越长，越能给系统提供更多时间寻找潜在粉丝。
- 投放人群逐步聚焦：初期建议先选择系统智能投放，让系统在更大的人群范围内去寻找潜在粉丝。当有了稳定的粉丝画像后，再尝试人群定向投放。